侦查逻辑办案研究丛书

案说

民营企业法律风险

行政篇

柴学友 李卫国 刘小勤 等著

法律出版社
LAW PRESS · CHINA

《案说民营企业法律风险》丛书编委会

薛江武

华东政法学院法律本科毕业，管理学博士。安徽省人民检察院党组书记、检察长，二级大检察官。十届、十二届、十三届全国人大代表。首届全国审判业务专家。华东政法大学、安徽大学兼职教授，南昌大学、江西财经大学硕士研究生导师。从事司法工作三十余年，具有深厚的法学理论功底、丰富的法检领导和司法实践经验，多篇学术论文获省级、国家级表彰，出版专著四部，主持完成国家级理论研究课题三项。

编委会主任简介

柴学友

安徽宿松县人，曾任安徽省池州市人民检察院检察长，安徽省人民检察院党组成员、检察委员会专职委员、机关党委书记、正厅级巡视员，国家一级高级检察官。现为中国法律逻辑专业委员会副会长，安徽省侦查逻辑办案研究会会长，中国人民大学反腐败法治研究中心研究员，中国政法大学研究生院硕士研究生兼职导师，中央民族大学法学院、安徽师范大学兼职教授。独著、合著出版著作六部。主持完成最高人民检察院课题三项。

序

带着期盼，满载希望，安徽省侦查逻辑办案研究会编撰的系列丛书“案说民营企业法律风险”之行政篇作为“七五普法推荐读本”，在这花谢果露、绿荫渐浓的美好时节与大家见面了。该书的面世，既是民营企业家的福音，也是研究会服务民营经济工作中浓墨重彩的一笔。该书与之前出版的刑事篇、民事篇一道，力求织密民营企业法律风险防范网络，为民营企业健康发展提供全方位的法律保障。

一年来，民营企业机遇与挑战并存。一方面，各地区、各部门按照党中央、国务院部署，顺应社会期盼，持续推进“放管服”等改革，营商环境明显改善，政府和企业的关系进一步优化，政府管理和企业行为日趋规范。2020 年 1 月 1 日，国务院颁布的《优化营商环境条例》正式实施，该条例把近年来各地区、各部门在优化营商环境方面大量行之有效的政策、经验、做法上升为法规制度，为优化营商环境提供了更加有力的保障和支撑，也为民营企业健康发展提供了更加有力的制度保障。另一方面，宏观经济下行压力增大，新冠肺炎疫情的发生对民营企业产生了巨大冲击，如何变压力为动力、化危机为生机，展现企业抵御风险的实力和转型升级的韧性，是广大民营企业面临的重要课题。

民营经济是我国市场经济的重要组成部分。在市场经济大潮中，企业要健康发展，既要防止因犯罪行为承担刑事责任，又要处理好与其他市场主体间的关系、防范民事责任风险，还必须理顺与政府之间的关系。而构建“清”、“亲”、融洽的政商关系，最根本的是政府依法履职、民营企业依法办事，这需要民营企业及民营企业家熟悉、了解关于企业管理方面的法律规范，严格依法、依规从事生产经营活动。

作为安徽省人民检察院服务民营经济健康发展“351”工程的一项重要举措，安徽侦查逻辑办案研究会全体同仁倾注心力，组织编写了这本《案说民营企业法律风险（行政篇）》。本书专门针对民营企业家和企业员工，围绕法律法规关于企业生产经营活动的管理规定，为其防范风险、指点迷津，避免因不当行为导致承担行政法律责任。它与刑事篇、民事篇一样，既不是恢宏深奥的法典，也不是威严说教的专著，它以漫画形式呈现，以案说法，平易可近，通过故事设置和问答形式，对民营企业生产经营活动中的企业登记、竞争行为等十二个方面可能存在的法律风险作出简明科学而又全面的辨析，插图幽默生动警喻，语言平白浅易规范，内容选取典型常见，是广大民营企业经营者及从业者了解法律知识、规范经营行为、防范法律风险的最佳助手。

最后，希望更多的人拥有并细阅此书，学习知晓，引以为戒，自律自省，合法经营，继续为中华民族的伟大复兴做出更大贡献！

教育部卓越法治人才教育培养计划专家委员会副主任、
中国政法大学原副校长 李树忠

二〇二〇年六月二十日

目 录

第一章　企业登记法律风险

大地公司骗取公司登记案

2015年10月，赵某申请成立大地公司，4名股东共出资1000万元，其中中发公司出资600万元，工商部门审核后向大地公司颁发了企业法人营业执照。后中发公司以大地公司申请登记时有欺诈行为、工商部门登记行为违法为由，提起行政诉讼。法院审理查明，大地公司采取欺诈手段，获取中发公司的企业营业执照副本、资产负债表复印件等资料，并虚填内容获取注册登记，中发公司不知情且未出资，遂判决撤销工商部门在大地公司设立登记过程中将中发公司登记为股东的工商登记。

我想投资一家企业，
到哪里去登记啊？
根据相关法律规定，申请成立公司、合伙企业、个体工商户等，应当向工商行政管理部门申请登记。政府机构改革后，原工商行政管理部门的此部分登记职能整合至市场监督管理部门。

《公司登记管理条例》第四条第一款　工商行政管理机关是公司登记机关。

《合伙企业登记管理办法》第四条第一款　工商行政管理部门是合伙企业登记机关（以下简称企业登记机关）。

《个体工商户条例》第三条　县、自治县、不设区的市、市辖区工商行政管理部门为个体工商户的登记机关（以下简称登记机关）。登记机关按照国务院工商行政管理部门的规定，可以委托其下属工商行政管理所办理个体工商户登记。

企业登记部门

您好，我来办理公司设立登记。
公司名称、住所、法定代表人姓名、注册资本、公司类型、经营范围、营业期限、有限责任公司股东或者股份有限公司发起人的姓名或者名称等，都是需要登记的事项。
业务办理

如果设立合伙企业，登记事项包括名称，主要经营场所，执行事务合伙人，经营范围，合伙企业类型，合伙人姓名或者名称及住所、承担责任方式、认缴或者实际缴付的出资数额、缴付期限、出资方式和评估方式。合伙协议约定合伙期限的，登记事项还应当包括合伙期限。执行事务合伙人是法人或者其他组织的，登记事项还应当包括法人或者其他组织委派的代表。

开公司的事情办得怎么样了？
材料准备得差不多了，公司名称我都想好了，就叫“西班牙有限责任公司”，洋气。
公司注册材料

为什么不给我核准公司名称?
对不起，您申请登记的这个公司名称不符合规定。

《企业名称登记管理规定》第九条　企业名称不得含有下列内容和文字：（一）有损于国家、社会公共利益的；（二）可能对公众造成欺骗或者误解的；（三）外国国家（地区）名称、国际组织名称；（四）政党名称、党政军机关名称、群众组织名称、社会团体名称及部队番号；（五）汉语拼音字母（外文名称中使用的除外）、数字；（六）其他法律、行政法规规定禁止的。

投资款还没确定，看来公司在本月申请登记难以实现了。
我有一个朋友专门办理刻章办证，什么材料都能搞定，我让他给你想想办法。

公司登记搞定了吧?
材料已经准备齐了。真是多亏了你，不然不知道要拖到什么时候。

3. 骗取企业登记行为的处罚

《公司法》《公司登记管理条例》均规定，虚报注册资本，取得公司登记的，由公司登记机关责令改正，处以虚报注册资本金额 5% 以上 15% 以下的罚款；情节严重的，撤销公司登记或者吊销营业执照。提交虚假材料或者采取其他欺诈手段隐瞒重要事实，取得公司登记的，由公司登记机关责令改正，处以 5 万元以上 50 万元以下的罚款；情节严重的，撤销公司登记或者吊销营业执照。

生意越来越难做了，再这样下去，我快揭不开锅了。
不是我说你，你们公司名称起得不好。赶快给公司换个名称，说不定生意就变好了。

我想给公司换个名称，需要什么手续？
需要到登记部门办理公司变更登记。
公司变更登记事项，如变更名称、住所、法定代表人、注册资本、经营范围、公司类型等，应当申请变更登记。
陈律师

XX律师事务所
到哪里办理公司变更登记呢?
《公司登记管理条例》第二十六条第一款规定，公司变更登记事项，应当向原公司登记机关申请变更登记。第二十九条第二款规定，公司变更住所跨公司登记机关辖区的，应当在迁入新住所前向迁入地公司登记机关申请变更登记；迁入地公司登记机关受理的，由原公司登记机关将公司登记档案移送迁入地公司登记机关。
陈律师

《公司登记管理条例》第六十八条第一款　公司登记事项发生变更时，未依照本条例规定办理有关变更登记的，由公司登记机关责令限期登记；逾期不登记的，处以1万元以上10万元以下的罚款。其中，变更经营范围涉及法律、行政法规或者国务院决定规定须经批准的项目而未取得批准，擅自从事相关经营活动，情节严重的，吊销营业执照。
中华人民共和国
公司登记管理条例
乔迁之喜
COMPANY
依法变更登记
公司新住所、法人……
公司原住所、法人……

你们公司取得了营业执照，已经成立了，什么时候正式开业呀？我也去凑个热闹。
这个不着急。

今天我们讨论一下开业的事情。
公司营业执照虽然拿到了，但是还有许多事情需要去做，我建议推迟几个月再开业。
同意。

你们公司领取营业执照一年多了还未开业，根据有关规定，我们决定吊销你们公司的营业执照。
《公司法》《公司登记管理条例》均规定，公司成立后无正当理由超过6个月未开业的，或者开业后自行停业连续6个月以上的，可以由公司登记机关吊销营业执照。

总经理室
正式签订合同前，我能看看你们公司的营业执照原件吗？
不好意思，我这次只带了复印件。您放心吧，我们公司是环球××公司的分公司，公司总部设在北京，实力非常雄厚。贵公司和我们公司合作，保证是双赢的结果。

我们公司与环球 ×× 公司签订合同后，给对方公司打了一部分货款，但是我们现在联系不上对方公司了。
我们接到了多起这样的举报，对该公司我们正在进行调查。

你们公司涉嫌诈骗，
请配合我们调查。
冒用公司名义从事经营活动，根据情况需承担相应的行政责任、民事责任甚至刑事责任。

冒用公司名义可能需承担的行政责任

《公司法》《公司登记管理条例》均规定，未依法登记为有限责任公司或者股份有限公司，而冒用有限责任公司或者股份有限公司名义的，或者未依法登记为有限责任公司或者股份有限公司的分公司，而冒用有限责任公司或者股份有限公司的分公司名义的，由公司登记机关责令改正或者予以取缔，可以并处 10 万元以下的罚款。

个体工商户营业执照
这个营业执照所载明的经营范围与你们店实际经营情况不符，这是你们自己的营业执照吗？
这个……这个营业执照是我们借来的，我们自己的营业执照还没办下来。

你们出借营业执照的行为是违法的，我们依据有关规定决定对你们进行罚款。
处罚
我以为朋友之间帮帮忙，临时借用一下营业执照没什么事，没想到这也违法。
营业执照
借用

《公司登记管理条例》第七十一条　伪造、涂改、出租、出借、转让营业执照的，由公司登记机关处以1万元以上10万元以下的罚款；情节严重的，吊销营业执照。

第七十二条　未将营业执照置于住所或者营业场所醒目位置的，由公司登记机关责令改正；拒不改正的，处以1000元以上5000元以下的罚款。

到年底了，你把材料准备准备，按规定时间办理年检。
现在不叫年检了，改成了年度报告。
张总

原国家工商总局决定，自2014年3月1日起停止对领取营业执照的有限责任公司、股份有限公司、非公司企业法人、合伙企业、个人独资企业及其分支机构、来华从事经营活动的外国（地区）企业，以及其他经营单位的企业年度检验工作。

《企业信息公示暂行条例》第九条第一款规定，企业年度报告内容包括：（1）企业通信地址、邮政编码、联系电话、电子邮箱等信息；（2）企业开业、歇业、清算等存续状态信息；（3）企业投资设立企业、购买股权信息；（4）企业为有限责任公司或者股份有限公司的，其股东或者发起人认缴和实缴的出资额、出资时间、出资方式等信息；（5）有限责任公司股东股权转让等股权变更信息；（6）企业网站以及从事网络经营的网店的名称、网址等信息；（7）企业从业人数、资产总额、负债总额、对外提供保证担保、所有者权益合计、营业总收入、主营业务收入、利润总额、净利润、纳税总额信息。前款第一项至第六项规定的信息应当向社会公示，第七项规定的信息由企业选择是否向社会公示。
请问，企业年度报告需要填报哪些内容？
财务公司
企业
年度报告

听说你们公司上了违法企业名单了，这个合同还是缓一缓再说吧。
我们公司只是在公示年度报告方面有点失误，经营一切正常，不影响咱们签合同啊。
总经理
合同
根据《企业经营异常名录管理暂行办法》《严重违法失信企业名单管理暂行办法》的规定，企业未通过企业信用信息公示系统报送年度报告，或者未按规定履行公示义务，可能会被列入企业经营异常名录；被列入企业经营异常名录内的企业满 3 年仍未履行公示义务的，将会被列入严重违法企业名单并向社会公示。企业被列入上述名录或名单都会对其经营活动产生影响。

公司这几年业绩持续下滑，建议将公司解散。
同意。根据规定，公司解散需要进行清算。
会议室
我建议清算组由我们 4 人组成。
同意。

陈总说我们公司生产的产品质量过硬，要跟我们定100万元的货物。可是，现在我们公司正处于清算阶段，怎么办?
赶快跟他们签合同。这是为公司挣钱的事，肯定没问题。
公司清算期间，虽然公司存续，但是不得开展与清算无关的经营活动。公司在清算期间开展与清算无关的经营活动的，由公司登记机关予以警告，没收违法所得。
合同
公司
总经理

赵总，要不要通知债权人来公司申报债权？
干吗搞那么麻烦？他们不来不是更好嘛！
合同
《公司法》《公司登记管理条例》均规定，公司在合并、分立、减少注册资本或者进行清算时，不按照规定通知或者公告债权人的，由公司登记机关责令改正，处以1万元以上10万元以下的罚款。公司在进行清算时，隐匿财产、对资产负债表或者财产清单作虚假记载或者在未清偿债务前分配公司财产的，由公司登记机关责令改正，对公司处以隐匿财产或者未清偿债务前分配公司财产金额5%以上10%以下的罚款；对直接负责的主管人员和其他直接责任人员处以1万元以上10万元以下的罚款。

风险防范警示
1 企业设立、变更、终止，均应当依照规定办理登记；申请办理公司登记，申请人应当对申请文件和申请材料的真实性负责。
2 未按规定办理登记或履行其他义务的，需承担行政责任；违法行为侵害他人利益或者构成犯罪的，还需承担民事责任或刑事责任。
风险
法律专家提示

第二章　商标申请与使用法律风险

甲公司与乙公司商标异议行政纠纷案

2008年，甲公司在背包及衬衫等商品上申请的“MAG”商标获准注册。2014年，乙公司在眼镜类商品上申请注册“MAG”商标时，甲公司提出异议，商标局和商标评审委员会审查后，裁定准予乙公司的登记。后甲公司提起行政诉讼。法院终审判决认为，虽然眼镜与背包、衬衫等商品在商标注册时不属于同一类别，但两类商品的功能用途、销售渠道、消费群体具有较大的关联性，尤其对时尚类品牌，公司经营同一品牌的服装和眼镜等配饰是普遍现象，遂认定两者构成使用在类似商品上的近似商标，判决撤销商标评审委员会裁定，判令其重新作出裁定。

典型案例

什么是商标？
商标是指在商品或者服务上采用的用于区别商品或服务来源的具有显著特征的标志。

什么是
注册商标？
经商标局核准注册的商标为注册商标，包括商品商标、服务商标和集体商标、证明商标；商标注册人享有商标专用权，受法律保护。

根据《商标法实施条例》第六十三条的规定，使用注册商标，可以在商品、商品包装、说明书或者其他附着物上标明“注册商标”或者注册标记。注册标记包括㊟和®。使用注册标记，应当标注在商标的右上角或者右下角。

陈律师，公司准备上一条糖果生产线，这个是不是必须申请商标注册呀？
不是。除法律规定的特殊商品外，我国的商标注册以自愿申请为主。
根据《商标法》第六条的规定，法律、行政法规规定必须使用注册商标的商品，必须申请商标注册，未经核准注册的，不得在市场销售。

请问，这里的特殊商品指的是什么？
主要是指烟草制品。
根据《烟草专卖法》第十九条的规定，卷烟、雪茄烟和有包装的烟丝必须申请商标注册，未经核准注册的，不得生产、销售。禁止生产、销售假冒他人注册商标的烟草制品。

其他商品都不需要使用注册商标吗?
以前规定药品（除中药材和中药饮片外）也必须使用注册商标，后来这个规定删除了。

为什么不能用“哈尔滨”这个名称注册？我们生产的是冷饮产品，这个名字很配的。
根据《商标法》第十条第二款的规定，县级以上行政区划的地名不得作为商标。但是，地名具有其他含义或者作为集体商标、证明商标组成部分的除外。
注册咨询

我用“雪糕”这个词注册商标可以吗？
“雪糕”是商品的通用名称，也不可以。

不得作为商标使用的标志

根据《商标法》第十条的规定，下列标志不得作为商标使用：（1）同中华人民共和国的国家名称、国旗、国徽、国歌、军旗、军徽、军歌、勋章等相同或者近似的，以及同中央国家机关的名称、标志、所在地特定地点的名称或者标志性建筑物的名称、图形相同的；（2）同外国的国家名称、国旗、国徽、军旗等相同或者近似的，但经该国政府同意的除外；（3）同政府间国际组织的名称、旗帜、徽记等相同或者近似的，但经该组织同意或者不易误导公众的除外；（4）与表明实施控制、予以保证的官方标志、检验印记相同或者近似的，但经授权的除外；（5）同“红十字”、“红新月”的名称、标志相同或者近似的；（6）带有民族歧视性的；（7）带有欺骗性，容易使公众对商品的质量等特点或者产地产生误认的；（8）有害于社会主义道德风尚或者有其他不良影响的。县级以上行政区划的地名或者公众知晓的外国地名，不得作为商标。但是，地名具有其他含义或者作为集体商标、证明商标组成部分的除外；已经注册的使用地名的商标继续有效。

这次申请商标注册，除了在食品类别申请以外，还需要在其他类别申请吗?
商标注册是不是必须明确商品类别? 那就申请跟公司生产范围一致吧。
根据《商标法》第二十二条第一款、第二款的规定，商标注册申请人应当按规定的商品分类表填报使用商标的商品类别和商品名称，提出注册申请。商标注册申请人可以通过一份申请就多个类别的商品申请注册同一商标。

公司成功跨界发展，以后生产的服装还用以前的商标，让别人一看就知道是我们公司生产的。
这个不行。你们公司注册商标时只申请了食品类，没有申请服装类。
根据《商标法》第二十三条的规定，注册商标需要在核定使用范围之外的商品上取得商标专用权的，应当另行提出注册申请。

这么麻烦呀！以前公司注册商标时没考虑到经营范围扩大，把商标图形改一改行吗？
根据《商标法》第二十四条的规定，注册商标需要改变其标志的，应当重新提出注册申请。

陈律师，× × 公司正在申请注册的一个商标与我公司使用的商标非常接近，商标局已经在网上公告了，我们该怎么办?
我也注意到了，他们注册的商品类别是服装鞋帽类，与你们注册的食品类不一样。除非你们公司的商标被认定为驰名商标，否则不能阻止他们注册。
驰名商标指在市场上享有较高声誉，为相关公众所熟知，并且有较强竞争力的商标。
陈律师

我们公司的商标非常著名，当然是驰名商标了。
驰名商标需要你们公司提出申请，经有关机关认定才可以确认。

根据《商标法》第十四条第二款至第四款的规定，在商标注册审查、工商行政管理部门查处商标违法案件过程中，当事人依照规定主张权利的，商标局根据审查、处理案件的需要，可以对商标驰名情况作出认定。在商标争议处理过程中，当事人依照本法第十三条规定主张权利的，商标评审委员会根据处理案件的需要，可以对商标驰名情况作出认定。在商标民事、行政案件审理过程中，当事人依照本法第十三条规定主张权利的，最高人民法院指定的人民法院根据审理案件的需要，可以对商标驰名情况作出认定。

驰名商标的认定

那我们赶快回去准备材料。
认定驰名商标一般考虑相关公众对该商标的知晓程度，该商标使用的持续时间，该商标的任何宣传工作的持续时间、程度和地理范围，该商标作为驰名商标受保护的记录等因素。

这次我们公司的商标被认定为驰名商标，大家辛苦了。以后要把“驰名商标”几个字印在包装上，好好宣传宣传。
“驰名商标”申请成功
表彰大会
根据《商标法》第十四条第五款的规定，生产、经营者不得将“驰名商标”字样用于商品、商品包装或者容器上，或者用于广告宣传、展览以及其他商业活动中。违反上述规定的，由相关管理部门责令改正，处10万元罚款。
这好像不行吧……

你这个商标都注册4年了，一直没使用？
我注册这个商标的目的就是等遇到合适的买家，转手卖个好价钱。
根据《商标法实施条例》第六十六条第一款的规定，注册商标无正当理由连续3年不使用的，任何单位或者个人可以向商标局申请撤销该注册商标。

我这个注册证上写的有效期自 2018 年 12 月 18 日至 2028 年 12 月 17 日，是什么意思?
法律规定，你这个注册商标的有效期是 10 年。
册大厅
咨 询
根据《商标法》第三十九条的规定，注册商标的有效期为 10 年，自核准注册之日起计算。

满 10 年后，如果还要继续使用，可以申请续展。
只能用 10 年，时间太短了！
注册
咨 询
根据《商标法》第四十条第一款的规定，注册商标有效期满，需要继续使用的，商标注册人应当在期满前 12 个月内按照规定办理续展手续；在此期间未能办理的，可以给予 6 个月的宽展期。每次续展注册的有效期为 10 年，自该商标上一届有效期满次日起计算。期满未办理续展手续的，注销其注册商标。

我们的商标注册好了，但10 年就要续展，好麻烦。
我们公司在商品包装上直接印上了“注册商标”，用得很好，实际上到现在还没申请注册。

因你们公司的商标实际
并未注册而冒充已注册，
现在对你们进行处罚。
处罚决定书

对冒充注册商标行为的处罚

根据《商标法》第五十二条的规定，将未注册商标冒充注册商标使用的，或者使用未注册商标违反本法第十条规定的，由地方工商行政管理部门予以制止，限期改正，并可以予以通报，违法经营额5万元以上的，可以处违法经营额20%以下的罚款，没有违法经营额或者违法经营额不足5万元的，可以处1万元以下的罚款。

这个商标我们已经使用好几年了，市场认可度很高，你们公司接手后一定会给你们带来收益。
我们一定会让它继续发扬光大，转让的后续手续还需要你们协助。
转让注册商标的，转让人和受让人应当签订转让协议，并共同向商标局提出申请。转让时，注册人对其在同一种或类似商品上注册的相同或者近似的商标应一并转让。未一并转让的，由商标局通知其限期改正；期满未改正的，视为放弃转让该注册商标的申请。
转让协议
转让协议

经研究，我们决定不再将商标转让给你们，而是准许你们使用我们的商标。
这样的话，商标所有权归你们，我们有使用权，这就是双赢啊！

根据《商标法》第四十三条的规定，商标注册人可以许可他人使用其注册商标。经许可使用他人注册商标的，必须在使用该注册商标的商品上标明被许可人的名称和商品产地。许可人应当将其商标使用许可报商标局备案，由商标局公告。

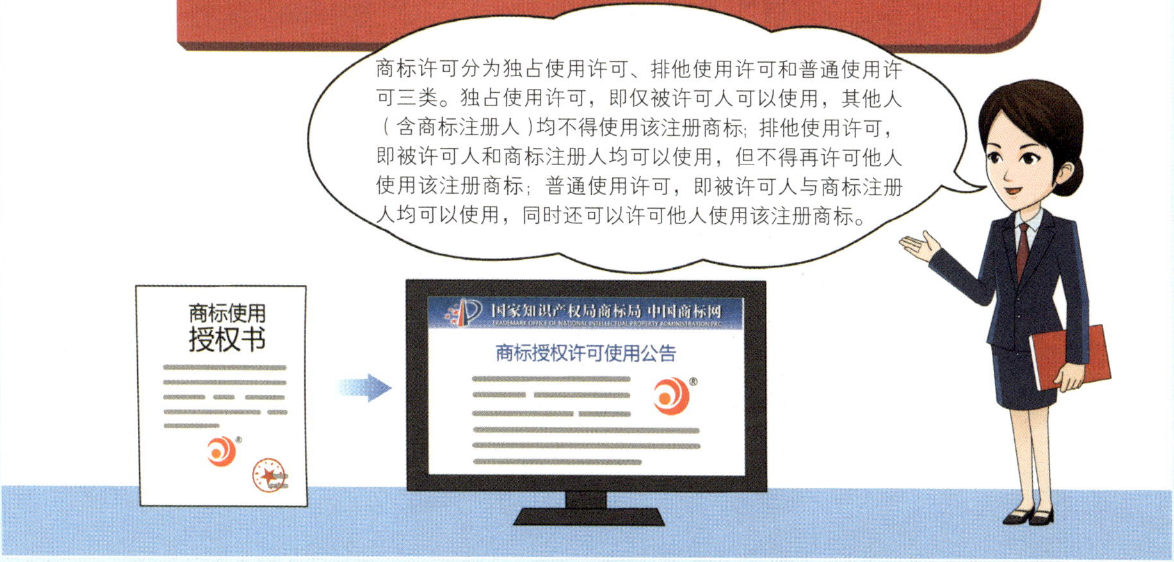

我在市场上看到了这种产品，上面所印的商标跟我们公司的商标几乎一模一样。我买回来几瓶你们看一下。
这也太可恶了。我们辛辛苦苦花费了十几年的时间让产品得到公众的认可。
赶紧报案。
未经许可在相同或类似商品上使用与他人注册商标相同或近似的商标，销售侵犯注册商标专用权的商品，伪造他人注册商标标识，未经同意将他人产品更换商标后又投入市场，帮助他人实施侵犯商标专用权等行为，都是侵权行为。

陈律师，我们发现市场上有一种产品，上面所印的商标与我们公司注册的商标一样，我们应该怎么维权？
XX律师事务所
你们可以和该产品的厂家协商解决，也可以向法院起诉，还可以请求市场监管部门处理。
陈律师

……
经调查，你们公司的侵权行为成立，这是处罚决定书。
处罚决定书
市场监管部门认定侵权行为成立的，责令立即停止侵权行为，没收、销毁侵权商品和主要用于制造侵权商品、伪造注册商标标识的工具，违法经营额5万元以上的，可处违法经营额5倍以下的罚款，没有违法经营额或违法经营额不足5万元的，可处25万元以下的罚款。对5年内实施两次以上商标侵权行为或有其他严重情节的，应当从重处罚。

你们看看调解书，同意的话就签个字。
同意。
同意。
对侵犯商标专用权的赔偿数额的争议，当事人可以请求进行处理的监管部门调解，也可以向法院起诉。经调解，当事人未达成协议或调解书生效后不履行的，当事人可以向法院起诉。

风险防范警示

1 商标是一种无形资产，对树立品牌形象、提升企业品牌价值、占领市场具有重要作用。申请注册的商标应具有显著特征，便于识别，并不得使用法律禁止的标志。

2 注册商标受法律保护，其使用、变更、转让均需依法进行。侵犯注册商标专用权的，需承担行政责任、民事责任甚至刑事责任。

第三章　市场竞争法律风险

张某等人侵犯商业秘密行政处罚案

张某作为某公司员工，与公司签订了保密协议，明确约定在任职期内完成的与公司业务相关的发明创造、技术秘密或其他商业秘密信息均为职务成果，由公司享有知识产权。张某在该公司研发出被列为企业核心商业秘密的原料除杂加工工艺后，为谋取私利，与原料供应商合伙在异地建厂,并将其窃取的生产工艺秘密传授给工厂管理人员，利用该工艺生产成品原材料。市场监管局认为张某等人的行为属侵犯商业秘密行为，违反了《反不正当竞争法》的规定，责令其停止违法行为，并分别处以罚款。

典型案例

什么是
垄断行为？
垄断行为一般指排除、限制竞争以及可能排除、限制竞争的行为。
《反垄断法》规定的垄断行为包括：经营者达成垄断协议；经营者滥用市场支配地位；具有或者可能具有排除、限制竞争效果的经营者集中。

不正当竞争行为有哪些形式?
不正当竞争行为是指经营者在生产经营活动中，违反规定，扰乱市场竞争秩序，损害其他经营者或者消费者的合法权益的行为。
《反不正当竞争法》列举的不正当竞争行为主要有：市场混淆、商业贿赂、作虚假或引人误解的商业宣传、侵犯商业秘密、进行违反规定的有奖销售、商业毁谤、互联网领域存在的不正当竞争行为。

张总、李总，虽然我们地区生产同类产品的相关企业有好几家，但最大的是我们 3 家。只要我们通力合作，市场就由我们说了算。
是的，今后投入市场的产品数量和价格都由我们来决定。
这是共赢之举。

你们涉嫌垄断，依法对你们的行为进行处罚。
罚
根据《反垄断法》的规定，禁止有竞争关系的经营者达成固定或变更商品价格、限制商品的生产或销售数量、分割销售市场或原材料采购市场、限制购买新技术新设备或者限制开发新技术新产品、联合抵制交易等垄断协议（横向垄断协议）。禁止经营者与交易相对人达成固定向第三人转售商品的价格、限定向第三人转售商品的最低价等垄断协议（纵向垄断协议）。经营者违反规定，达成并实施垄断协议的，由反垄断执法机构责令停止违法行为，没收违法所得，并处上一年度销售额 1% 以上 10% 以下的罚款；尚未实施所达成的垄断协议的，可以处 50 万元以下的罚款。

这次就按每件 200 元的价格算吧。
这不合适吧？这么多年来一直是我们给你们公司供货，去年还是每件 300 元。

现在我们在市场上的占有率为 70% 以上，你们要么按每件 200 元给我们供货，要么就等着倒闭。
……
《反垄断法》禁止具有市场支配地位的经营者从事下列行为：（1）以不公平的高价销售商品或以不公平的低价购买商品；（2）无正当理由以低于成本价销售商品；（3）无正当理由拒绝与相对人进行交易；（4）无正当理由限定交易相对人的交易对象；（5）无正当理由搭售商品或附加其他不合理的交易条件；（6）无正当理由对条件相同的交易相对人实行差别待遇；（7）国务院反垄断执法机构认定的其他滥用市场支配地位的行为。

根据《反垄断法》第十九条第一款的规定，如果一个经营者在相关市场的市场份额达到 1/2；或者两个经营者在相关市场的市场份额合计达到 2/3；或者三个经营者在相关市场的市场份额合计达到 3/4 的，可以推定经营者具有市场支配地位。

根据《反垄断法》第四十七条的规定，经营者违反规定，滥用市场支配地位的，由反垄断执法机构责令停止违法行为，没收违法所得，并处上一年度销售额 1% 以上 10% 以下的罚款。

这是你开的店？怎么感觉跟肯德基店面一样啊？这样会被处罚的！
不会吧？我只是为了提高客源模仿了肯德基店面的装修风格，这也违法了？
BFC

汪律师，我新开的快餐店装修成这个样子，有人说违法了，会被处罚，是真的吗？
XX 律师事务所
你这个足以让人产生误认，属于混淆行为。
汪律师
混淆行为包括：（1）擅自使用与他人有一定影响的商品名称、包装、装潢等相同或者近似的标识；（2）擅自使用他人有一定影响的企业名称、社会组织名称、姓名；（3）擅自使用他人有一定影响的域名主体部分、网站名称、网页等；（4）其他足以引人误认为是他人商品或者与他人存在特定联系的混淆行为。
根据《反不正当竞争法》第十八条第一款的规定，经营者违反规定实施混淆行为的，由监督检查部门责令停止违法行为，没收违法商品。违法经营额 5 万元以上的，可以并处违法经营额 5 倍以下的罚款；没有违法经营额或违法经营额不足 5 万元的，可以并处 25 万元以下的罚款。情节严重的，吊销营业执照。

张总，听说大发商场改从其他供货商处进货了。如果我们的产品进不了大发商场，公司业绩会大幅度下滑的。
大发商场负责进货的是赵经理，你马上去财务部支取一笔钱安排赵经理一家人出门旅游。
源广

张总，这次给赵经理一家人安排的旅游，赵经理很满意。他答应还从我们公司进货。
好，好，这个钱花得值。
假借促销费、宣传费、赞助费、科研费、劳务费、咨询费、佣金等名义，或以报销费用、提供旅游、考察等方式，给付交易对方单位或个人财物及其他利益，均符合商业贿赂的特征。另外，在交易中，可以以明示方式支付折扣，或者给中间人佣金，但双方都应当如实入账。
根据《反不正当竞争法》第十九条的规定，经营者违反规定贿赂他人的，由监督检查部门没收违法所得，处 10 万元以上 300 万元以下的罚款。情节严重的，吊销营业执照。

我今天买菜时，看到有人在卖“万能糕”。它可神奇了，不仅能健脑、补血、延缓衰老、预防疾病，还能治疗哮喘、痛风、骨质疏松等。我花5000元钱买了几盒。
爸，这“万能糕”都能包治百病了，明显是假的。
万能糕
万能糕
万能糕
万能糕
万能糕

市场上有人在卖“万能糕”，
并且宣传能治很多疾病，
已经有许多人上当了。
谢谢您的举报，我
们马上安排调查。

万能糕
包治百病
你这是虚假宣传，我们依法对你进行处罚。
……
处罚
根据《反不正当竞争法》第二十条第一款的规定，经营者违反规定对其商品作虚假或引人误解的商业宣传，或者通过组织虚假交易等方式帮助其他经营者进行虚假或引人误解的商业宣传的，由监督检查部门责令停止违法行为，处 20 万元以上 100 万元以下的罚款；情节严重的，处 100 万元以上 200 万元以下的罚款，可以吊销营业执照。
万能糕

工资低，日子难过呀！
我给你指一条发财路。我有一个朋友开了一家公司，也生产你们公司所生产的产品。只要你把你们公司的产品配方给他，他会一次性给你 30 万元。

陈总，这个配方给你，钱什么时候给我？
合作愉快！钱马上给你。
祖传秘方
商业秘密是指不为公众所知悉、具有商业价值并经权利人采取相应保密措施的技术信息、经营信息等商业信息。
根据《反不正当竞争法》第二十一条的规定，经营者违反规定侵犯商业秘密的，由监督检查部门责令停止违法行为，没收违法所得，处 10 万元以上 100 万元以下的罚款；情节严重的，处 50 万元以上 500 万元以下的罚款。

要利用国庆时机，加大促销力度，大幅提高销售额。

这次促销吸引了很多顾客前来购物，销售量大幅上升，你们功劳很大。
许多顾客是冲着汽车来的，但我们没有把汽车奖券放进抽奖箱，实际上最高奖是自行车。
购满200元抽奖一
次，最高奖
价值10万

根据《反不正当竞争法》第十条的规定，经营者进行有奖销售不得存在下列情形：（1）设奖种类、兑奖条件、奖金金额或奖品等有奖销售信息不明确，影响兑奖；（2）采用谎称有奖或故意让内定人员中奖的欺骗方式进行有奖销售；（3）抽奖式的有奖销售，最高奖的金额超过 5 万元。根据第二十二条的规定，经营者违反规定进行有奖销售的，由监督检查部门责令停止违法行为，处 5 万元以上 50 万元以下的罚款。
有奖促销

这几天外面出现了许多小广告，说我们酒店所用的油全部是地沟油，网上论坛里也有这样的帖子。
怪不得这段时间我们酒店客人锐减，原来是有人诽谤！

这对我们酒店的声誉影响很大，你们一定要查明情况。
我们会及时调查的。

责令你们停止违法行为，罚款 20 万元。
星级服务
处罚
根据《反不正当竞争法》第十一条的规定，经营者不得编造、传播虚假信息或者误导性信息，损害竞争对手的商业信誉、商品声誉。
根据第二十三条的规定，经营者违反规定损害竞争对手商业信誉、商品声誉的，由监督检查部门责令停止违法行为、消除影响，处 10 万元以上 50 万元以下的罚款；情节严重的，处 50 万元以上 300 万元以下的罚款。

风险防范警示

1 市场经营活动中，经营主体应当诚实守信、公平竞争。我国法律既反对排除、限制竞争的垄断行为，也反对违反诚实信用原则和公认商业道德的不正当竞争行为。

2 竞争优势多种多样，企业要通过正确的经营战略，依靠科技进步、科学管理等手段，提升产品质量和服务水平，努力形成自身的竞争优势。

3 实施垄断行为或不正当竞争行为，应当承担行政责任；给他人造成损害的，应当依法承担民事责任；构成犯罪的，还要承担刑事责任。

第四章　广告行为法律风险

德胜公司发布违法广告案

德胜公司为宣传其经营的中医馆，委托他人制作宣传册并在场所内发放，其中有“中央领导人视察德胜生命线产品生产基地”的照片配图（系盗用其他照片）和“德胜公司是经国务院批准成立的互联网+大健康平台公司……拥有国内最权威、医疗水平最高的一支中医名家队伍，是以‘全国全军有特殊贡献技术的专家’为主体组建的”等文字内容。市场监管部门认为其行为违反了《广告法》规定，属于使用或者变相使用国家机关、国家机关工作人员的名义或形象以及使用绝对化用语的违法行为，依法责令其停止发布广告，并处罚款30万元。

典型案例

我公司生产了一款概念电动车，可由于老百姓不知道这款产品而销路不好，该咋办？
你们可以发布广告进行推销。
张律师
广告是指商品经营者或服务提供者通过一定媒介和形式直接或者间接地介绍自己所推销的商品或者服务的商业活动。

要发布广告的话找谁发布呢？怎么发布？
可以找一个广告公司帮您设计一款广告，通过电视、报刊、新媒体发布。如果你们公司资金充裕，还可以请影视明星给你们的产品代言，这样效果会更好。

广告法律关系主体

广告法律关系主体主要有广告主、广告经营者、广告发布者、广告代言人等。广告主是指为推销商品或者服务，自行或者委托他人设计、制作、发布广告的自然人、法人或者其他组织；广告经营者是指接受委托提供广告设计、制作、代理服务的自然人、法人或者其他组织；广告发布者是指为广告主或者广告主委托的广告经营者发布广告的自然人、法人或者其他组织；广告代言人是指广告主以外的，在广告中以自己的名义或者形象对商品、服务作推荐、证明的自然人、法人或者其他组织。

为了让新产品更有吸引力，我想在广告中夸大一下产品的使用效果，行不行?
作为广告主，您要对广告内容的真实性负责，所发布的广告不得含有虚假或者引人误解的内容，不得欺骗、误导消费者。若构成虚假宣传，要承担法律责任。

我公司研发的一款新药某些成分存在副作用，该怎么向消费者说明呢？
不能说，说了谁还买你的药。
这不行。法律规定，广告中对商品的性能、功能、产地、用途、质量、成分、价格、生产者、有效期限、允诺等或者对服务的内容、提供者、形式、质量、价格、允诺等有表示的，应当准确、清楚、明白。

我公司在广告宣传中借用了“中央领导人视察德胜生命线产品生产基地”的照片配图，怎么会被处罚？
你公司的这种行为违反了“广告中不得使用国家机关工作人员名义或者形象”的禁止规定，当然要被处罚啦！
陈律师

使用“最佳”也不行吗?
广告中不得使用“国家级”“最高级”“最佳”等用语。
年度最佳
产品上市

广告不得有下列情形：

（1）使用或者变相使用中华人民共和国的国旗、国歌、国徽，军旗、军歌、军徽；

（2）使用或者变相使用国家机关、国家机关工作人员的名义或者形象；

（3）使用“国家级”“最高级”“最佳”等用语；

（4）损害国家的尊严或者利益，泄露国家秘密；

（5）妨碍社会安定，损害社会公共利益；

（6）危害人身、财产安全，泄露个人隐私；

（7）妨碍社会公共秩序或者违背社会良好风尚；

（8）含有淫秽、色情、赌博、迷信、恐怖、暴力的内容；

（9）含有民族、种族、宗教、性别歧视的内容；

（10）妨碍环境、自然资源或者文化遗产保护；

（11）法律、行政法规规定禁止的其他情形。

我们准备推出一款新的智能语音机器人，正在申请专利，可否前期先作广告推广一下啊?
没问题。可以先在广告中突出你的产品已获国家专利，这样宣传起来更响亮！
广告中涉及专利产品或者专利方法的，应当标明专利号和专利种类。未取得专利权的，不得在广告中谎称取得专利权。禁止使用未授予专利权的专利申请和已经终止、撤销、无效的专利作广告。
创意总监

我公司生产了几种新的麻醉药，但销路不是很好。
你们可以与新媒体广告公司合作，对这几种药品作广告进行宣传啊。
麻醉药品是特殊产品，不能发布广告。根据法律规定，麻醉药品、精神药品、医疗用毒性药品、放射性药品等特殊药品，药品类易制毒化学品，以及戒毒治疗的药品、医疗器械和治疗方法，不得作广告。上述规定以外的处方药，只能在国务院卫生行政部门和国务院药品监督管理部门共同指定的医学、药学专业刊物上作广告。

我公司在省卫视发布有关“御医牌远红外贴”的广告，市场监管局说该广告未经审批，且含有有关功效、安全性的断言和结论，现在要对我们进行处罚，有那么严重吗？
当然严重啦！你们公司的这种行为违反了法律的禁止性规定。
28
29

医疗、药品、医疗器械广告不得含有下列内容：（1）表示功效、安全性的断言或者保证；（2）说明治愈率或者有效率；（3）与其他药品、医疗器械的功效和安全性或者其他医疗机构比较；（4）利用广告代言人作推荐、证明；（5）法律、行政法规规定禁止的其他内容。药品广告的内容不得与国务院药品监督管理部门批准的说明书不一致，并应当显著标明禁忌、不良反应。

我公司想对自己生产的保健产品作广告宣传，有什么需要注意的？
保健食品广告不得含有表示功效、安全性的断言或者保证；不得涉及疾病预防、治疗功能；不得声称或者暗示广告商品为保障健康所必需；不得与药品、其他保健食品进行比较；不得利用广告代言人作推荐、证明等。保健食品广告应当显著标明“本品不能代替药物”。
赵律师

我只是在广告中用了别的商品的功效资料，夸了一下我公司的保健食品的性能，市场监管局就说这是虚假广告，为什么？
如果广告以虚假或者引人误解的内容欺骗、误导消费者的，就构成虚假广告。
根据《广告法》第二十八条第二款的规定，广告有下列情形之一的，为虚假广告：（1）商品或者服务不存在的；（2）商品的性能、功能、产地、用途、质量、曾获荣誉等信息与实际情况不符，对购买行为有实质性影响的；（3）使用虚构、伪造或者无法验证的科研成果、统计资料等信息作证明材料的；（4）虚构使用商品或者接受服务的效果的；（5）以虚假或者引人误解的内容欺骗、误导消费者的其他情形。
律师

广告公司
麻烦你们给我公司生产的香烟作一下广告。
法律禁止在大众传播媒介或者公共场所、公共交通工具、户外发布烟草广告。禁止利用其他商品或者服务的广告、公益广告变相发布烟草广告。禁止向未成年人发送任何形式的烟草广告。

尽情畅饮 纵享人生
XX酒业
酒类广告不得含有下列内容：（1）诱导、怂恿饮酒或者宣传无节制饮酒；（2）出现饮酒的动作；（3）表现驾驶车、船、飞机等活动；（4）明示或者暗示饮酒有消除紧张和焦虑、增加体力等功效。

××学校
你们培训机构的师资情况怎么样？
我们这里有最好的老师。您的孩子在我们这里学习，保证明年能读清华、北大。

最近社会上的教育、培训广告铺天盖地，还宣称保证孩子能上好学校，这是假的吧？
法律对教育、培训广告有相关规定，广告中不得含有对教育、培训的效果作出明示或暗示的保证性承诺，不得明示或暗示有相关考试机构或其工作人员、考试命题人员参与教育、培训；不得利用科研单位、学术机构、教育机构、行业协会、专业人士、受益者的名义或者形象作推荐、证明。如果您看到的广告有这些内容，可以向我们举报！
市场监督管理局
12315投诉举报中心

公司开发的小区房子即将上市销售，广告宣传可要跟上。
这个您放心。我找的广告商绝对会把公司开发的小区包装、宣传得“高、大、上”。

购买后，每年升值 20%，4 年左右就能翻倍。
四年资产翻倍
售楼部
房地产广告要确保房源信息真实，面积应当表明为建筑面积或者套内建筑面积，并不得含有下列内容：（1）升值或者投资回报的承诺；（2）以项目到达某一具体参照物的所需时间表示项目位置；（3）违反国家有关价格管理的规定；（4）对规划或者建设中的交通、商业、文化教育设施以及其他市政条件作误导宣传。

我公司想在幼儿园、学校作广告推广新研发的玩具，可以吗？
不行。
律师
《广告法》规定，不得在中小学校、幼儿园内开展广告活动；不得利用中小学生和幼儿的教材、教辅材料等发布或变相发布广告，但公益广告除外；不得在针对未成年人的大众传播媒介上发布医疗、药品、保健食品、医疗器械、化妆品、酒类、美容广告和不利于未成年人身心健康的网络游戏广告；不得利用10周岁以下未成年人作为广告代言人。

现在互联网这么普及，我能在互联网上发布广告吗?
事务所
当然可以。但利用互联网发布、发送广告，不得影响用户正常使用网络。在互联网页面以弹出等形式发布的广告，应当显著标明关闭标志，确保一键关闭。互联网广告应当具有可识别性，显著标明“广告”，使消费者能够辨明其为广告。
钱律师

请您给我们公司生产的护肤品代言。
焕发活力
健康美丽
没问题。
法律规定，如果明星代言的是关系消费者生命健康的商品或者服务的虚假广告，或者是明知或应知的其他虚假广告，造成损害时要负连带责任。

如果发现违法发布广告，该由哪个部门来管？
市场监督管理部门是广告的监管部门，任何单位或者个人有权向市场监管部门和有关部门投诉、举报广告违法行为。广电、新闻出版以及其他有关部门在各自的职责范围内负责广告管理相关工作。消费者协会还可以进行社会监督。

风险防范警示

1 广告是企业提高产品知名度和信誉度的重要载体，企业要充分利用好这个平台。与此同时，企业更要依靠产品质量和管理水平的提升以及科技创新的投入来做出、做强品牌。

2 广告宣传要真实、合法，以健康的表现形式表达广告内容，不可含有虚假或者引人误解的内容，不得欺骗、误导消费者。广告主、广告经营者、广告发布者、广告代言人等主体有违法发布广告行为的，要承担相应的法律责任。

第五章　税务法律风险

海岸贸易公司逃避缴纳税款案

2019 年 12 月，W 市税务部门在税务稽查随机抽查过程中发现，海岸贸易公司在无真实货物交易的情况下，于 2018 年 5—11 月先后取得 11 份增值税普通发票（经证实均为虚开），价税合计 1,048,000 元，该 11 份发票均已入账，并已在 2018 年所得税申报中税前列支扣除。鉴于海岸贸易公司在税务机关实施检查过程中，已预缴企业所得税 262,000 元，主动消除、减轻税收违法行为危害后果，税务部门对其作出从轻处罚决定，对应追缴企业所得税 262,000 元处 50% 的罚款，计 131,000 元。

典型案例

XX税务局普法宣传
税法究竟指的是哪些法律?
税法是税收机关征税和纳税人据以纳税的法律依据。我们国家税法很多，常见的如《个人所得税法》《企业所得税法》《税收征收管理法》《增值税暂行条例》等。
税法咨询

我打算开公司，但听说国家要征收好多税，是这样吗？
整体来说，税收按征税对象可以分为五类：一是对流转额的征税，如增值税、消费税、关税；二是对所得额的征税，如企业所得税、个人所得税；三是对资源的征税，如资源税、土地增值税、城镇土地使用税、环保税；四是对财产行为的征税，如房产税、契税、车船税、印花税；五是特定目的的征税，如城市维护建设税、车辆购置税、耕地占用税等。

这么多税啊，跟企业相关的税有哪些呢？
虽然税种很多，但较常见的是增值税、企业所得税、个人所得税等。
增值税是以商品（含应税劳务）在流转过程中产生的增值额作为依据征收的一种税。企业所得税简单来说就是以企业生产经营及其他所得为对象征收的一种税，个人独资企业和合伙企业不需要缴纳企业所得税，但投资者需按规定缴纳个人所得税。

缴税报税这么复杂，哪还有精力搞经营啊?
可以考虑由专业人士进行税务筹划。
税务筹划就是在合法的框架下，通过对纳税人的自身经营、投资、分配等活动进行科学、合理的事先规划、安排，使税负最小化的一种财务管理活动。

你教教我怎么
筹划吧。
税务筹划需要财务会计手段和
非财务会计手段结合，建议由
专业的会计师、税务师、律师
等进行操作较为稳妥。

您属于小规模纳税人，根据您的销售额，免征增值税。
真是太好了！
办税服务厅

办税服务厅
贵公司不需要缴纳增值税，有什么诀窍吗？教教我。
哎呀，哪里有诀窍？就是小规模纳税人的优势而已。

这么说，小规模纳税人很有优势了？
也要看情况。企业做大了，就必须成为一般纳税人；刚创业的时候，比较适合做小规模纳税人。二者的区别主要在于纳税人的经营规模以及会计核算的健全程度。
小规模纳税人相对来说，会计核算简便，适用征收税率，比一般纳税人的税率低很多，而且国家针对小规模纳税人出台了较多的税收优惠政策；一般纳税人的计税方法为销项税减去进项税，如果无法取得进项税，则税负较重。初创业企业可根据经营情况和行业特点选择成为小规模纳税人或一般纳税人。

根据《增值税暂行条例》第十一条的规定，小规模纳税人发生应税销售行为，实行按照销售额和征收率计算应纳税额的简易办法，并不得抵扣进项税额。应纳税额计算公式为：应纳税额 = 销售额 × 征收率。

根据财政部、国家税务总局《关于全面推开营业税改征增值税试点的通知》（财税〔2016〕36 号）附件中的规定，纳税人分为一般纳税人和小规模纳税人。应税行为的年应征增值税销售额（以下称应税销售额）超过财政部和国家税务总局规定标准的纳税人为一般纳税人，未超过规定标准的纳税人为小规模纳税人。年应税销售额超过规定标准的其他个人不属于一般纳税人。年应税销售额超过规定标准但不经常发生应税行为的单位和个体工商户可选择按照小规模纳税人纳税。

根据财政部、税务总局《关于统一增值税小规模纳税人标准的通知》（财税〔2018〕33 号）第一条的规定，增值税小规模纳税人标准为年应征增值税销售额 500 万元及以下。

根据财政部、税务总局《关于实施小微企业普惠性税收减免政策的通知》（财税〔2019〕13 号）第一条的规定，对月销售额 10 万元以下（含本数）的增值税小规模纳税人，免征增值税。

采购原料的情况怎么样了？
甲公司的含税报价为 113 元，开具税率为 13% 的增值税专用发票；乙公司的含税报价为 103 元，开具税率为 3% 的增值税发票。

经理，我看乙公司的报价很有优势。
我们不能只看报价，还要考虑今后的税务问题，综合起来看哪一种纳税更少。

4. 符合条件的进项税可以按规定抵扣

根据《增值税暂行条例》第四条的规定，一般纳税人销售货物、劳务、服务、无形资产、不动产，应纳税额为当期销项税额抵扣当期进项税额后的余额。应纳税额计算公式为：应纳税额 = 当期销项税额 − 当期进项税额。当期销项税额小于当期进项税额不足抵扣时，其不足部分可以结转下期继续抵扣。

根据《增值税暂行条例》第八条的规定，纳税人购进货物、劳务、服务、无形资产、不动产支付或者负担的增值税额，为进项税额。

下列进项税额准予从销项税额中抵扣：（1）从销售方取得的增值税专用发票上注明的增值税额。（2）从海关取得的海关进口增值税专用缴款书上注明的增值税额。（3）购进农产品，除取得增值税专用发票或者海关进口增值税专用缴款书外，按照农产品收购发票或者销售发票上注明的农产品买价和 11% 的扣除率计算的进项税额，国务院另有规定的除外。进项税额计算公式为：进项税额 = 买价 × 扣除率。（4）自境外单位或者个人购进劳务、服务、无形资产或者境内的不动产，从税务机关或者扣缴义务人取得的代扣代缴税款的完税凭证上注明的增值税额。

准予抵扣的项目和扣除率的调整，由国务院决定。

做这个项目，公司大概要缴 200 万元的税，太多了。
我上午收到了一张“代开发票”的名片，我跟他们联系一下，让他们给我们开一些发票。这样，我们增加了成本，就可以少缴税。
不行。那些发票要么是假发票，要么是“失控发票”，这样做太危险了。
代开发票
XX建筑公司承建
安全

5. 虚列、虚开风险高

税务机关根据收款方（或提供劳务服务方）的申请，依照法规、规章以及其他规范性文件的规定，可代为向付款方（或接受劳务服务方）开具发票，申请代开发票的单位和个人应当凭有关证明材料，向主管税务机关申请代开普通发票。除主管税务机关外，取得授权的邮政网点亦可代开一定范围的增值税发票。

根据《发票管理办法》第二十二条的规定，开具发票应当按照规定的时限、顺序、栏目，全部联次一次性如实开具，并加盖发票专用章。任何单位和个人不得有下列虚开发票行为：（1）为他人、为自己开具与实际经营业务情况不符的发票；（2）让他人为自己开具与实际经营业务情况不符的发票；（3）介绍他人开具与实际经营业务情况不符的发票。

根据《发票管理办法》第三十七条的规定，违反规定虚开发票的，由税务机关没收违法所得；虚开金额在1万元以下的，可以并处5万元以下的罚款；虚开金额超过1万元的，并处5万元以上50万元以下的罚款；构成犯罪的，依法追究刑事责任。非法代开发票的，依照前款规定处罚。

我多找点人冒充咱们的工人，多列点工资，就能少缴税。
这个办法可以试一试。
安全
安全
XX建筑公司承建

你公司以虚列企业员工人数、虚增工资的方式偷逃税款，不仅需要补缴税款，还要依法接受处罚。
处罚

我们的工程正在赶工期，为提高职工的积极性，我想给大家提高待遇，有什么办法可以不缴纳个人所得税？
找几家合作单位虚构业务，我们给他们汇款，他们给我们开发票。然后他们把款再汇到职工个人账户上，这样可以省一大笔钱。

你们公司全员不缴个人所得税，工资明显低于同行业工资水平，且员工工资数额与职工社保缴费基数差距很大，我们依法进行稽查。

根据《税收征收管理法》第六十三条的规定，纳税人伪造、变造、隐匿、擅自销毁账簿、记账凭证，或者在账簿上多列支出或者不列、少列收入，或者经税务机关通知申报而拒不申报或者进行虚假的纳税申报，不缴或者少缴应纳税款的，是偷税。对纳税人偷税的，由税务机关追缴其不缴或者少缴的税款、滞纳金，并处不缴或者少缴的税款50%以上5倍以下的罚款；构成犯罪的，依法追究刑事责任。

扣缴义务人采取前款所列手段，不缴或者少缴已扣、已收税款，由税务机关追缴其不缴或者少缴的税款、滞纳金，并处不缴或者少缴的税款50%以上5倍以下的罚款；构成犯罪的，依法追究刑事责任。

王律师，我和朋友合伙开了一家小公司，现在我打算把股权转让给我的一个亲戚，想咨询一下税务问题。
律师事务所
专业人做专业事
股权转让涉及的主要税种是所得税和印花税，其中所得税比重较大。
王律师

不用缴纳增值税吗？
不用。一般只有企业转让主板上市公司、新三板挂牌公司的股权才需要按照金融商品转让缴纳相应的增值税。
王律师

我想把股权转让给我朋友，所得税应该由谁缴纳？怎么缴纳？
股权转让的个人所得税由卖方缴纳，买方代扣代缴。缴税数额以股权转让收入减去股权原值及合理费用后的余额作为应纳税所得额进行计算。
专业人做专业事
王律师

根据《个人所得税法》第三条的规定，利息、股息、红利所得，财产租赁所得，财产转让所得和偶然所得，适用比例税率，税率为 20%。

根据《股权转让所得个人所得税管理办法（试行）》第四条的规定，个人转让股权，以股权转让收入减除股权原值和合理费用后的余额为应纳税所得额，按“财产转让所得”缴纳个人所得税。合理费用是指股权转让时按照规定支付的有关税费。根据第五条的规定，个人股权转让所得个人所得税，以股权转让方为纳税人，以受让方为扣缴义务人。

我们从你们公司买的生产设备，怎么发票上销售方不是你们公司?
最近我们公司有点小问题，发票是让老李的公司帮忙开的。

王总，我拿上次公司买生产设备的发票抵税，税务局不认可，现在要多缴十多万元的税。
啊？！这可怎么办？
根据《增值税暂行条例》第九条的规定，纳税人购进货物、劳务、服务、无形资产、不动产，取得的增值税扣税凭证不符合法律、行政法规或者国务院税务主管部门有关规定的，其进项税额不得从销项税额中抵扣。

最近公司货款回笼出了问题，现金流不够了，可是还要缴税。
税先别缴，把公司事情处理好再说。
根据《税收征收管理法》第三十二条的规定，纳税人未按照规定期限缴纳税款的，扣缴义务人未按照规定期限解缴税款的，税务机关除责令限期缴纳外，从滞纳税款之日起，按日加收滞纳税款5‱的滞纳金。

最近公司资金紧张，暂时确实没钱缴纳税款怎么办？
税务师事务
专业人做专业事
您可以申请延期缴税。
根据《税收征收管理法》第三十一条的规定，纳税人因有特殊困难，不能按期缴纳税款的，经省、自治区、直辖市国家税务局、地方税务局批准，可以延期缴纳税款，但是最长不得超过3个月。

根据《税收征收管理法》第四十条的规定，从事生产、经营的纳税人、扣缴义务人未按照规定的期限缴纳或者解缴税款，纳税担保人未按照规定的期限缴纳所担保的税款，由税务机关责令限期缴纳，逾期仍未缴纳的，经县以上税务局(分局)局长批准，税务机关可以采取下列强制执行措施：（1）书面通知其开户银行或者其他金融机构从其存款中扣缴税款；（2）扣押、查封、依法拍卖或者变卖其价值相当于应纳税款的商品、货物或者其他财产，以拍卖或者变卖所得抵缴税款。税务机关采取强制执行措施时，对前款所列纳税人、扣缴义务人、纳税担保人未缴纳的滞纳金同时强制执行。
延期缴纳税款3个月的期限到了，公司还是没有钱。
那就拖着呗，不会把你怎么样的。再说滞纳金每天5‱，折算下来月利1分5厘，比借高利贷划算多了。

根据《税收征收管理法》第六十八条的规定，纳税人、扣缴义务人在规定期限内不缴或者少缴应纳或者应解缴的税款，经税务机关责令限期缴纳，逾期仍未缴纳的，税务机关除依照本法第四十条的规定采取强制执行措施追缴其不缴或者少缴的税款外，可以处不缴或者少缴的税款 50% 以上 5 倍以下的罚款。

根据国家发展改革委、人民银行等 34 部门联合签署的《关于对重大税收违法案件当事人实施联合惩戒措施的合作备忘录（2016 版）》中的规定，重大税收违法案件的当事企业及其法定代表人、负有直接责任的财务负责人将可能面临多部门联合惩戒，在贷款融资、注册登记、参加政府采购、生产许可证发放、交通旅行、出境等多方面受到诸多限制。

风险防范警示
1 依法纳税是企业的法定义务，如果应纳税而未纳税、少纳税，甚至偷税、骗税，就可能面临追缴补税、加收滞纳金、罚款、信用评级下降、纳入征信系统等风险，甚至受到刑罚处罚。
2 企业日常经营中，应完善内控制度，做好税务筹划，定期进行税务自查，加强风险防控，降低涉税风险。
3 及时了解税务稽查相关程序和动向，遇到税务稽查应积极配合，正确处理。
风险
法律专家提示

第六章　环境污染法律风险

小小精密机械公司私设暗管排污案

2019 年 5 月，某市生态环境部门执法人员现场检查发现，小小精密机械公司正在生产，污水处理系统处于间歇停运状态，污水站放流槽内私设一个地下暗管，废水通过暗管排放到附近河道。经检测，附近河道水质总镍超标 0.82 倍并含有有毒物质。小小精密机械公司此种偷排废水的行为违反了《水污染防治法》的规定，生态环境部门依法责令其立即停止违法行为，对其罚款人民币 60 万元，并将其涉嫌刑事犯罪行为移送公安机关处理。

典型案例

涉及环境污染管控方面的法律有哪些?
有《环境保护法》《大气污染防治法》《水污染防治法》《环境噪声污染防治法》《土壤污染防治法》《固体废物污染环境防治法》《放射性污染防治法》《环境影响评价法》《海洋环境保护法》《环境保护税法》《水法》《核安全法》《刑法》等。
陈律师

涉及企业排放的污染物类型一般有哪些?
主要是废水、废气、固体废物、噪声、粉尘等。
排放废水企业要重点关注《水污染防治法》，排放废气、粉尘企业要重点关注《大气污染防治法》，产生噪声和固体废物的企业要重点关注《环境噪声污染防治法》《固体废物污染环境防治法》。另外，所有企业都要遵守《环境保护法》的规定。
陈律师

最近市场行情太好了。但我们的环保设施还没有经过验收，这可怎么办？
反正环保设施已经建好了，我们先生产吧。
东方化

这样不会被处罚吧？
我们已经建好了环保设施，没事的。
东方化

根据《环境保护法》第四十一条的规定，建设项目中防治污染的设施，应当与主体工程同时设计、同时施工、同时投产使用。防治污染的设施应当符合经批准的环境影响评价文件的要求，不得擅自拆除或者闲置。

生态环境部门说我们没有排污许可证，要我们停产整治。客户还等着要货呢，这可怎么办啊？
晚上趁他们下班偷偷生产。
根据《环境保护法》第四十五条的规定，国家依照法律规定实行排污许可管理制度。实行排污许可管理的企业事业单位和其他生产经营者应当按照排污许可证的要求排放污染物；未取得排污许可证的，不得排放污染物。

赵总，买贵公司厂房的事情就说定了。环境影响评价许可的事情还要麻烦您啊。
放心吧。环境影响评价我公司已经做过了，到时候直接送给你们用。

我们取得了环境影响评价许可，凭什么还要处罚？！
你公司利用原汽车公司厂房从事化工生产，项目性质、生产工艺以及对周边环境的影响都已发生重大变动，应依法重新报批环境影响评价文件。
东方化工
处罚决定书

根据《环境影响评价法》第十六条的规定，国家根据建设项目对环境的影响程度，对建设项目的环境影响评价实行分类管理。建设单位应当按照相关规定组织编制环境影响报告书、环境影响报告表或者填报环境影响登记表。

根据《环境影响评价法》第二十四条第一款的规定，建设项目的环境影响评价文件经批准后，建设项目的性质、规模、地点、采用的生产工艺或者防治污染、防止生态破坏的措施发生重大变动的，建设单位应当重新报批建设项目的环境影响评价文件。

我们公司最近流动资金有点紧张，申报工业固体废物的时候少报一点。
没问题，放心吧。

根据《固体废物污染环境防治法》第一百一十二条的规定，未按照国家有关规定制定危险废物管理计划或者申报危险废物有关资料的，由生态环境主管部门责令改正，处10万元以上100万元以下的罚款，没收违法所得；情节严重的，报经有批准权的人民政府批准，可以责令停业或者关闭。
行政处罚决定书
未按照规定申报危险废物有关资料，罚款×万元，没收违法所得×元。

赵总，厂里的危险废物该处理了，怎么办？
找个僻静的地方倒掉，注意别让别人看见。
危废物
根据《固体废物污染环境防治法》第一百一十二条的规定，擅自倾倒、堆放危险废物的，或者将危险废物提供或者委托给无许可证的单位或者其他生产经营者从事经营活动的，由生态环境主管部门责令改正，处罚款，没收违法所得；情节严重的，报经有批准权的人民政府批准，可以责令停业或者关闭。该条同时规定，罚款数额为所需处置费用3倍以上5倍以下，所需处置费用不足20万元的，按20万元计算。

最近设备异常，导致废气排放超标，怎么办?
小问题。把监测设备参数修改一下，他们发现不了。
茶

这下安全了。
环保监测

行政处罚决定书
根据《环境保护法》第四十二条的规定，重点排污单位应当按照国家有关规定和监测规范安装使用监测设备，保证监测设备正常运行，保存原始监测记录。第六十三条规定，通过暗管、渗井、渗坑、灌注或者篡改、伪造监测数据，或者不正常运行防治污染设施等逃避监管的方式违法排放污染物，尚不构成犯罪的，除依法处罚外，对直接负责的主管人员和其他直接责任人员，处10日以上15日以下拘留；情节较轻的，处5日以上10日以下拘留。

我们现在依法对你公司排放污水的情况进行检查。
没有经过领导的同意，你们不能进去！
XX化工集团

6. 对依法开展的环保检查不得拒绝

你们工地扬尘到处飞，严重影响我们的正常生活。
工地哪有没尘土的？
安全

责令改正，罚款
2 万元。
行政处罚决定书

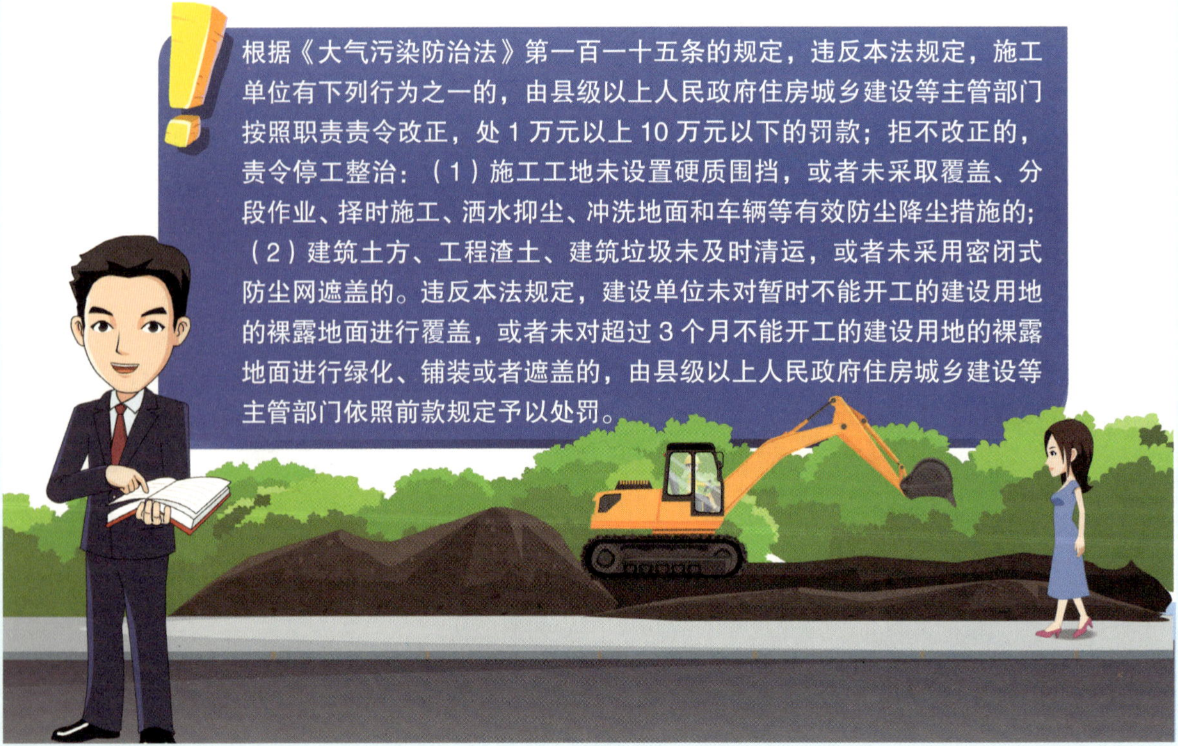

根据《大气污染防治法》第一百一十五条的规定，违反本法规定，施工单位有下列行为之一的，由县级以上人民政府住房城乡建设等主管部门按照职责责令改正，处 1 万元以上 10 万元以下的罚款；拒不改正的，责令停工整治：（1）施工工地未设置硬质围挡，或者未采取覆盖、分段作业、择时施工、洒水抑尘、冲洗地面和车辆等有效防尘降尘措施的；（2）建筑土方、工程渣土、建筑垃圾未及时清运，或者未采用密闭式防尘网遮盖的。违反本法规定，建设单位未对暂时不能开工的建设用地的裸露地面进行覆盖，或者未对超过 3 个月不能开工的建设用地的裸露地面进行绿化、铺装或者遮盖的，由县级以上人民政府住房城乡建设等主管部门依照前款规定予以处罚。

我们厂子干不下去了，你把厂里的废碱液处理一下吧。
让小王晚上偷偷把它们排到附近的湖里吧。
XX化工集团

这样能行吗？不会出什么事情吧？
可以的。即使被发现了，最多罚点款，没大事。
X

不就是罚点款嘛！
你们不仅要承担刑事责任，还要赔偿生态环境服务功能损失费和生态环境修复费用。
被告人
公益诉讼起诉人
公诉人

判处有期徒刑 3 年……赔偿生态环境服务功能损失费、生态环境修复费 300 万元。
公益诉讼起诉人
公诉人
被告人

风险防范警示

1 国家实行排污许可管理制度，实行排污许可管理的企业应当按照排污许可证的要求排放污染物，未取得排污许可证的，不得排放污染物。

2 建设项目中防治污染的设施，应当与主体工程同时设计、同时施工、同时投产使用。防治污染的设施应当符合经批准的环境影响评价文件的要求，不得擅自拆除或者闲置。

3 重点排污单位应当依法依规安装使用监测设备，保证监测设备正常运行，保存原始监测记录。

第七章　房地产及建设工程管理法律风险

洋洋公司违法建设、销售住宅小区行政处罚案

2017年4月，有市民向某市房产管理部门举报，在建“乐园”住宅小区在未取得预售许可证的情况下，以已取得预售许可证的关联项目名义向购房人收取“诚意金”。经执法人员核查，认定该“乐园”项目存在未取得商品房预售许可证的情况下擅自收取预订款性质费用的违法行为，遂依法对该小区的开发商洋洋公司处以责令停止违法行为、罚款3万元的行政处罚。

典型案例

老兄，我公司有块地，咱们两家公司合作开发个商品房小区，利润对半分，怎么样？
这个想法好，马上就办。

住宅
巨惠
你们未取得营业执照擅自从事房地产开发业务，依法应予处罚。
处罚
根据《城市房地产开发经营管理条例》第三十三条的规定，违反本条例规定，未取得营业执照，擅自从事房地产开发经营的，由县级以上人民政府工商行政管理部门责令停止房地产开发经营活动，没收违法所得，可以并处违法所得5倍以下的罚款。

我成立了一个房地产开发公司，这下可以顺利开工建设了。

你公司未取得房地产开发资质，依法应予处罚。
处罚
根据《城市房地产开发经营管理条例》第三十四条的规定，违反本条例规定，未取得资质等级证书或者超越资质等级从事房地产开发经营的，由县级以上人民政府房地产开发主管部门责令限期改正，处5万元以上10万元以下的罚款；逾期不改正的，由工商行政管理部门吊销营业执照。

老王承接了我公司的厂房，想借用贵公司资质，挂靠费按总工程款的5%，您看如何?
都是好哥们儿，好说好说。
根据《建筑法》第六十六条的规定，建筑施工企业转让、出借资质证书或者以其他方式允许他人以本企业的名义承揽工程的，责令改正，没收违法所得，并处罚款，可以责令停业整顿，降低资质等级；情节严重的，吊销资质证书。对因该项承揽工程不符合规定的质量标准造成的损失，建筑施工企业与使用本企业名义的单位或者个人承担连带赔偿责任。

张总，欣欣公司要买我们竞拍成功的地皮，溢价 50%。
这个来钱快，马上给欣欣公司打电话。
荣荣房地产开发公司竞拍成功！

都是兄弟，好说好说。
张总，合作愉快。

对非法转让、倒卖土地使用权的处罚

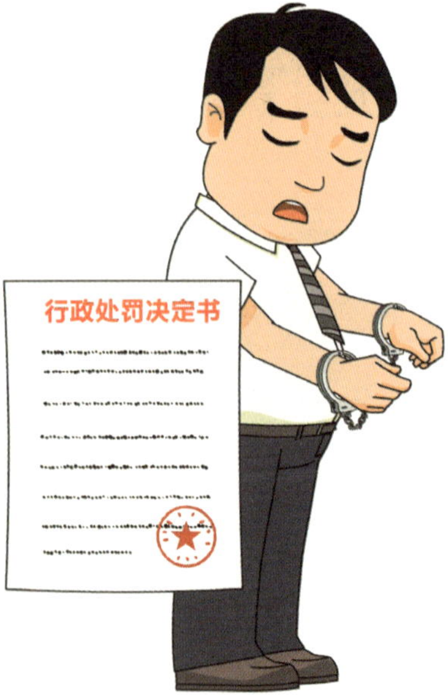

根据《土地管理法》第七十四条的规定，买卖或者以其他形式非法转让土地的，没收违法所得；对违反土地利用总体规划擅自将农用地改为建设用地的，限期拆除，恢复土地原状，对符合土地利用总体规划的，没收在非法转让的土地上新建的建筑物和其他设施；可以并处罚款；对直接负责的主管人员和其他直接责任人员，依法给予处分；构成犯罪的，依法追究刑事责任。

根据《刑法》第二百二十八条的规定，以牟利为目的，违反土地管理法规，非法转让、倒卖土地使用权，情节严重的，处 3 年以下有期徒刑或者拘役，并处或者单处非法转让、倒卖土地使用权价额 5% 以上 20% 以下罚金；情节特别严重的，处 3 年以上 7 年以下有期徒刑，并处非法转让、倒卖土地使用权价额 5% 以上 20% 以下罚金。

你这次干得不错，拿
下这块地先放两年，
我们肯定能大赚一笔。

还是您高，这块地闲了2年，地价翻了3番。

按约开发土地

根据《城市房地产开发经营管理条例》第十五条的规定，房地产开发企业应当按照土地使用权出让合同约定的土地用途、动工开发期限进行项目开发建设。出让合同约定的动工开发期限满 1 年未动工开发的，可以征收相当于土地使用权出让金 20% 以下的土地闲置费；满 2 年未动工开发的，可以无偿收回土地使用权。但是，因不可抗力或者政府、政府有关部门的行为或者动工开发必需的前期工作造成动工迟延的除外。

王总，您这工程开工这么快啊。
我们有高人指点，边干边办施工许可证。

不符合开工条件，
立即停工！
处罚

施工许可

根据《建筑法》第七条的规定，建筑工程开工前，建设单位应当按照国家有关规定向工程所在地县级以上人民政府建设行政主管部门申请领取施工许可证；但是，国务院建设行政主管部门确定的限额以下的小型工程除外。

根据《建筑法》第六十四条的规定，违反本法规定，未取得施工许可证或者开工报告未经批准擅自施工的，责令改正，对不符合开工条件的责令停止施工，可以处以罚款。

哪些工程必须招标？

1. 使用预算资金 200 万元人民币以上，并且该资金占投资额 10% 以上的项目。

2. 使用国有企业事业单位资金，并且该资金占控股或者主导地位的项目。

3. 大型基础设施、公用事业等关系社会公共利益、公众安全的项目，其勘察、设计、施工、监理以及与工程建设有关的重要设备、材料等的采购达到下列标准之一的，必须招标：（1）施工单项合同估价 400 万元以上；（2）重要设备、材料等货物的采购，单项合同估算价 200 万元以上；（3）勘察、设计、监理等服务的采购，单项合同估算价 100 万元以上。同一项目中可以合并进行的勘察、设计、施工、监理以及与工程建设有关的重要设备、材料等的采购，合同估算价合计达到前款规定标准的。

张总，贵公司开发的保障房项目包给我吧。
你找几家可靠的公司一起来投标，然后我们运作一下，让你中标。

××公司竞标成功！
招标会
我能竞标成功，全靠张总栽培，这是一点心意。
好说好说，都是自家兄弟。

对串通投标的处罚

根据《招标投标法》第五十三条的规定，投标人相互串通投标或者与招标人串通投标的，投标人以向招标人或者评标委员会成员行贿的手段谋取中标的，中标无效，处中标项目金额 5‰以上 10‰以下的罚款，对单位直接负责的主管人员和其他直接责任人员处单位罚款数额 5%以上 10% 以下的罚款；有违法所得的，并处没收违法所得；情节严重的，取消其 1 年至 2 年内参加依法必须进行招标的项目的投标资格并予以公告，直至由工商行政管理机关吊销营业执照；构成犯罪的，依法追究刑事责任。给他人造成损失的，依法承担赔偿责任。

最近公司的施工项目太多，大发商场的项目来不及做啊！
老赵有个施工队，可以包给他，我们收工程款5% 的挂靠费。

王秘书，这个工程多亏了你，这 20 万元是我的心意。
那多不好意思，赵哥，下次有工程还让你做。
¥

钱工，工程质量上通融通融啊。
好说好说，我是工程监理，质量我说了算。

《建筑法》规定，严禁违法转包、分包；严禁在工程发包与承包中索贿、受贿、行贿；严禁工程监理单位与建设单位或者建筑施工企业串通，弄虚作假、降低工程质量；严禁强令冒险作业；严禁偷工减料。
违反法律禁止性规定，将可能面临行政处罚、民事赔偿，甚至追究刑事责任。
行政处罚决定书

张总，国土局又催咱们交土地出让金了。
最近公司流动资金不足，先预售已经动工的两栋住宅楼吧。

大家依次排队交钱。
XX佳苑
开盘大吉
开盘大吉

商品房预售的条件

根据《城市房地产管理法》第四十五条第一款的规定，商品房预售，应当符合下列条件：（1）已交付全部土地使用权出让金，取得土地使用权证书；（2）持有建设工程规划许可证；（3）按提供预售的商品房计算，投入开发建设的资金达到工程建设总投资的 25% 以上，并已经确定施工进度和竣工交付日期；（4）向县级以上人民政府房产管理部门办理预售登记，取得商品房预售许可证明。

根据《城市房地产管理法》第六十八条的规定，违反本法第四十五条第一款的规定预售商品房的，由县级以上人民政府房产管理部门责令停止预售活动，没收违法所得，可以并处罚款。

风险防范警示
1 房地产项目开发需依法取得营业执照、开发资质。商品房预售需依法取得预售许可。
2 招投标过程中，不得串通投标，不得行贿谋取中标。
3 发包、转包、分包建设工程项目需依法进行。
风险
法律专家提示

第八章　食品安全法律风险

汪某生产、销售有毒有害食品行政处罚案

汪某为提高自己火锅店的“人气”，在店内制作火锅底料时，将购买的罂粟壳捏碎后放入锅内熬制，共销售火锅底料 30 余斤供 100 余名顾客食用。2017 年 11 月，执法人员在例行检查中，当场扣押汪某自制的火锅底料 50 余斤。2018 年 1 月 20 日，食品监督管理部门作出行政处罚决定，吊销汪某经营的火锅店食品经营许可证，汪某在 5 年内不得申请食品经营许可，或者从事食品生产经营管理工作、担任食品生产经营企业食品安全管理人员。同时，食品监督管理部门将汪某涉嫌犯罪线索移送公安机关处理。

典型案例

我有祖传厨艺，咱们合伙开饭店怎么样？
好，咱们先把饭店开起来。如果生意好，再办相关证件。

××饭店
行政处罚决定书
没收……
罚款30万元
怎么罚得这么厉害！

根据《食品安全法》第一百二十二条第一款的规定，违反本法规定，未取得食品生产经营许可从事食品生产经营活动，或者未取得食品添加剂生产许可从事食品添加剂生产活动的，由县级以上人民政府食品安全监督管理部门没收违法所得和违法生产经营的食品、食品添加剂以及用于违法生产经营的工具、设备、原料等物品；违法生产经营的食品、食品添加剂货值金额不足 1 万元的，并处 5 万元以上 10 万元以下罚款；货值金额 1 万元以上的，并处货值金额 10 倍以上 20 倍以下罚款。
罚款
¥5万
货值合计
¥5000
添加剂
罚款
¥20万元
货值合计
¥20000
食品
添加剂

最近厂里的辣椒酱滞销，压货严重。
厂长，我最近买了一批苏丹红，加到辣椒酱里面，这样卖相好。

还是你有办法，
最近销量很好！
XX超市
过奖了。
XX牌辣椒酱

在食品中非法添加食品添加剂不仅可能面临行政处罚，
还会面临民事赔偿，甚至要承担刑事责任。
行政处罚决定书
食品添加剂

奶鲜食品公司
张总，公司一批奶鲜食品昨天过了保质期，怎么处理？
重新标一下生产日期不就行啦，死脑筋。
对，不能浪费。

奶鲜食品
标注虚假生产日期，依法没收违法生产的食品，没收违法所得，罚款200万元。
行政处罚决定书

禁止的生产经营行为

根据《食品安全法》的规定，下列生产经营行为为法律所禁止，包括但不限于：（1）用非食品原料、回收食品作为原料生产食品，或在食品中添加食品添加剂以外的化学物质和其他可能危害人体健康的物质；（2）生产农药残留、兽药残留、生物毒素、重金属等污染物质以及其他危害人体健康的物质含量超标的食品；（3）用超过保质期的原料、添加剂生产食品；（4）生产经营超范围、超限量使用食品添加剂的食品；（5）生产经营营养成分不符合标准的专供婴幼儿和其他特定人群的主辅食品；（6）生产经营腐败变质、污秽不洁、掺假掺杂或感官性状异常的食品；（7）经营病死、毒死或死因不明的肉类或生产经营其制品；（8）经营未按规定进行检疫或者检疫不合格、或生产经营未经检验或者检验不合格的肉类制品；（9）生产经营标注虚假生产日期、保质期或者超过保质期的食品、食品添加剂。

××食品公司
这是什么味道啊?
旁边养鸡场的
粪便味道。

李总，这批货客户着急要，但厂里的运输车都送货去了，怎么办？
借一下隔壁养鸡场运鸡的货车不就行啦。
安全
食品
食品
食品

××食品公司
主任，掉在地上的食品怎么办?
捡起来打打灰，再放到车上。
安全

主任，客户又打电话催了，这里人手不够，生产太慢；另外，手套、口罩和工作服都没有了。
你随便找几个人，也别让他们体检了，时间来不及。手套、口罩之类的暂时就不用了，不会有问题的。
安全

《食品安全法》第三十三条对食品生产经营的场所、设备、人员、规章制度、工艺流程、原料及食品存放包装等都作了具体规定。食品生产经营者应从食品原料管理、从业人员管理、生产经营设备管理、生产经营环境管理、物流运输管理等方面，做好食品安全控制。

王总，工人的午饭您看怎么解决?
安全
老李做饭手艺不错，让他在工地上弄个小食堂吧。

食
你买的这个东西能吃吗？不会出问题吧？
老板就给这么多钱，我能怎么办？

根据《食品安全法》第五十七条第一款的规定，学校、托幼机构、养老机构、建筑工地等集中用餐单位的食堂应当严格遵守法律、法规和食品安全标准；从供餐单位订餐的，应当从取得食品生产经营许可的企业订购，并按照要求对订购的食品进行查验。供餐单位应当严格遵守法律、法规和食品安全标准，当餐加工，确保食品安全。

最近食品监管部门查得严，我的餐馆被迫关了，财路断了。
我们一起开个网络外卖店，这样食品监管部门就查不到了。

可是开网络外卖店也需要办营业执照和食品经营许可证啊？！
我借用我舅舅家的相关证件就行啦。
卖平台

多亏了老哥，咱这网络外卖店终于开张啦。
一起发财！
资料提交与审核
经营许可证
确认

X网络外卖平台
根据《网络餐饮服务食品安全监督管理办法》第四条的规定，入网餐饮服务提供者应当具有实体经营门店并依法取得食品经营许可证，并按照食品经营许可证载明的主体业态、经营项目从事经营活动，不得超范围经营。
根据《食品安全法》第六十二条的规定，网络食品交易第三方平台提供者应当对入网食品经营者进行实名登记，明确其食品安全管理责任；依法应当取得许可证的，还应当审查其许可证。网络食品交易第三方平台提供者发现入网食品经营者有违反本法规定行为的，应当及时制止并立即报告所在地县级人民政府食品安全监督管理部门；发现严重违法行为的，应当立即停止提供网络交易平台服务。

监测采样
听说××食品公司的鱼子酱不错,就是太贵了。
这个好办。我让食品监测机构以食品安全风险监测的名义给你搞两箱。

××食品公司
这两箱鱼子酱价值5万多元，拿两箱太多了吧。
你们要配合食品安全风险监测。
食品监测

法律咨询
食品监测机构以食品安全风险监测为名拿了我两箱价值 5 万多元的鱼子酱，我这损失太大了。
法律规定，食品安全风险监测工作人员采集样品应当按照市场价格支付费用。

风险防范警示

1 从事食品生产经营活动需取得食品生产经营许可。从事食品添加剂生产活动需取得食品添加剂生产许可。

2 食品生产企业应当在原料采购、原料验收、投料等原料控制环节，生产工序、设备、贮存、包装等生产关键环节，以及检验、运输和交付等环节进行安全控制。

3 从事接触直接入口食品工作的生产经营人员应当每年进行健康检查，取得健康证明后方可上岗工作。

第九章　劳动保障法律风险

某装饰公司拖欠劳动报酬案

2018 年 2 月，某县人力资源和社会保障局（以下简称县人社局）接到劳动者投诉，称某装饰公司拖欠 53 名劳动者报酬共计 84.3 万元，负责人徐某逃匿。2018 年 3 月，县人社局依法调查后先后向某装饰公司下达《劳动保障监察责令改正通知书》《行政处理事先告知书》《行政处理决定书》，责令某装饰公司限期支付 53 名劳动者报酬 84.3 万元。某装饰公司逾期未履行，且负责人以逃逸方式逃避支付。2018 年 3 月 15 日，县人社局将该案依法移送公安机关立案侦查。

典型案例

县人社局让我们签书面劳动合同，我们招的这批员工都没签吧？
限期整改通知书
经理，我听说签了劳动合同后想开除员工就难了。
经理
根据《劳动保障监察条例》第二十四条的规定，用人单位与劳动者建立劳动关系不依法订立劳动合同的，由劳动保障行政部门责令改正。根据第三十条第一款第三项的规定，经劳动保障行政部门责令改正拒不改正，或者拒不履行劳动保障行政部门的行政处理决定的，处2000元以上2万元以下的罚款。

经理，劳动合同已经签完了。
厂里的设备贵重，新来的员工每人收 2000 元保证金。等他们不干了再退。
保证金
理室
根据《劳动合同法》第八十四条第二款的规定，用人单位违反本法规定，以担保或者其他名义向劳动者收取财物的，由劳动行政部门责令限期退还劳动者本人，并以每人 500 元以上 2000 元以下的标准处以罚款；给劳动者造成损害的，应当承担赔偿责任。

公司环境太差了，我不干了。
那不行。没经过公司同意辞职，档案不退。
根据《劳动合同法》第八十四条的规定，劳动者依法解除或者终止劳动合同，用人单位扣押劳动者档案或者其他物品的，由劳动行政部门责令限期退还劳动者本人，并以每人 500 元以上 2000 元以下的标准处以罚款。

你不得了了，敢顶撞我！
事关产品质量问题，
我得提意见！
安全
经理
LIUTECH

怎么我这个月的
工资少了一半?
谁让你顶撞
经理的!
安全
财务

劳动监察大队吗？公司无故克扣我的工资，我要投诉。
安全
根据《劳动合同法》第八十五条的规定，用人单位未按时足额支付劳动者工资的，由劳动行政部门责令限期支付；逾期不支付的，责令用人单位按照应付金额50%以上1倍以下的标准计算，向劳动者加付赔偿金。

我第一个月工资怎么这么少？
公司规定，试用期工资按最低工资标准的 80% 发放。
安全

XX
试用期内，公司按最低工资标准的 80% 发给我工资，这合法吗？
安全
试用期工资不得低于用人单位所在地的最低工资标准，你可以向劳动监察大队投诉。
律师

试用期的工资标准

根据《劳动合同法》第二十条的规定，劳动者在试用期的工资不得低于本单位相同岗位最低档工资或者劳动合同约定工资的 80%，并不得低于用人单位所在地的最低工资标准。

根据《劳动合同法》第八十五条的规定，支付劳动者的工资低于当地最低工资标准的，由劳动行政部责令限期支付劳动者与最低工资的差额；逾期不支付的，责令用人单位按照应付金额 50% 以上 1 倍以下的标准计算，向劳动者加付赔偿金。

最低工资标准

XX公司
小王，最近厂子里人手紧，今晚你加班把这批货赶赶。
我怀孕8个月了，加夜班对孩子不好。
法律禁止安排怀孕7个月以上的女职工夜班劳动或者延长其工作时间。

XX公司
小王太不像话，刚来没多久，就要请3个月产假。
最多只能批2个月，3个月太久了。

女职工劳动保护

根据《女职工劳动保护特别规定》，用人单位不得因女职工怀孕、生育、哺乳降低其工资、予以辞退、与其解除劳动或者聘用合同；女职工在孕期不能适应原劳动的，用人单位应当根据医疗机构的证明，予以减轻劳动量或者安排其他能够适应的劳动；对怀孕 7 个月以上的女职工，用人单位不得延长劳动时间或者安排夜班劳动，并应当在劳动时间内安排一定的休息时间；女职工生育享受 98 天产假；对哺乳未满 1 周岁婴儿的女职工，用人单位不得延长劳动时间或者安排夜班劳动；等等。

XX公司
单位必须给我们缴纳社保。
生产现场
新来的这批工人要求缴纳社保。
公司没钱缴纳社保！

对拒缴社会保险的处罚

根据《社会保险法》第八十四条的规定，用人单位不办理社会保险登记的，由社会保险行政部门责令限期改正；逾期不改正的，对用人单位处应缴社会保险费数额 1 倍以上 3 倍以下的罚款，对其直接负责的主管人员和其他直接责任人员处 500 元以上 3000 元以下的罚款。

根据《社会保险法》第八十六条的规定，用人单位未按时足额缴纳社会保险费的，由社会保险费征收机构责令限期缴纳或者补足，并自欠缴之日起，按日加收 5 ‰的滞纳金；逾期仍不缴纳的，由有关行政部门处欠缴数额 1 倍以上 3 倍以下的罚款。

不行，耽误
我们生产。
你公司有工人受伤，
我们依法进行调查核
实，请你们配合。
经理

工伤保险

根据《工伤保险条例》第十九条第一款的规定，社会保险行政部门受理工伤认定申请后，根据审核需要可以对事故伤害进行调查核实，用人单位、职工、工会组织、医疗机构以及有关部门应当予以协助。职业病诊断和诊断争议的鉴定，依照职业病防治法的有关规定执行。对依法取得职业病诊断证明书或者职业病诊断鉴定书的，社会保险行政部门不再进行调查核实。

根据《工伤保险条例》第六十三条的规定，用人单位违反本条例第十九条的规定，拒不协助社会保险行政部门对事故进行调查核实的，由社会保险行政部门责令改正，处 2000 元以上 2 万元以下的罚款。

你凭什么不
让我干了?
你昨天在公司大会上
是怎么顶撞我的，忘
了吗？！
××企业
年终总结大会

行吧，我同意解除合同，但公司要给我补偿。
你还想要补偿，想得美！

解除劳动合同的经济补偿

根据《劳动合同法》第八十五条的规定，解除劳动合同未依法给予劳动者经济补偿的，由劳动行政部门责令限期支付解除劳动合同的经济补偿；逾期不支付的，责令用人单位按照应付金额 50% 以上 1 倍以下的标准计算，向劳动者加付赔偿金。

我们是劳动保障监察大队的，依法对你公司进行日常巡查。
我们正在生产，你们不要来捣乱。
生产

劳动保障监察大队的人无事生非，以后看到他们，就把门锁上。
好吧！
我也同意！
我同意！
会议室
根据《劳动保障监察条例》第三十条的规定，无理抗拒、阻挠劳动保障行政部门依照本条例的规定实施劳动保障监察的，处2000元以上2万元以下的罚款。

你不给我升职，我就投诉3年前公司拖欠员工工资的事情，让政府来查你。
拖欠员工的工资两年前就给了，你随便去投诉！

我要投诉公司 3 年前拖欠员工工资的事情……
这已经超出劳动保障部门查处的时间了。
劳动监察执法投诉
根据《劳动保障监察条例》第二十条第一款的规定，违反劳动保障法律、法规或者规章的行为在 2 年内未被劳动保障行政部门发现，也未被举报、投诉的，劳动保障行政部门不再查处。

风险防范警示
1 用人单位招用劳动者需签订书面劳动合同，否则除可能面临行政处罚外，还将面临双倍工资赔偿。
2 用人单位要依法给招用的劳动者缴纳社会保险费，不得违法克扣、拖欠劳动者工资。
3 用人单位需遵守法律对女职工的特殊保护规定。
风险
法律专家提示

第十章　电子商务法律风险

某科技公司未对入网食品经营者审查许可证行政处罚案

2018 年 5 月 22 日，某市市场监督管理局接到举报，称某网络外卖平台上，入网经营的商家普遍未在经营主页面公示《食品经营许可证》。经查，该网络外卖平台涉及问题商户 15 家。执法人员约谈网络外卖平台的经营者某科技公司，并当场向该公司下达《责令改正通知书》，责令其立即依法审查入网食品经营者的许可证件，对无《食品经营许可证》的，立即停止提供网络交易平台服务，并对该公司处以 10 万元的行政处罚。

典型案例

律师事务所
最近电子商务很热，但电子商务指的是什么呢？
电子商务，是指通过互联网等信息网络销售商品或者提供服务的经营活动。
电子商务的相关法律法规主要有《电子商务法》《民法典》《消费者权益保护法》《反不正当竞争法》《全国人民代表大会常务委员会关于加强网络信息保护的决定》《网络交易管理办法》《互联网信息服务管理办法》《电信和互联网用户个人信息保护规定》等。

律师事务所
哪些人会受到电子商务法律法规的约束呢？
主要是电子商务经营者。
电子商务经营者是指通过互联网等信息网络从事销售商品或者提供服务的经营活动的自然人、法人和非法人组织，包括电子商务平台经营者、平台内经营者以及通过自建网站、其他网络服务销售商品或者提供服务的电子商务经营者。

律师事务所
国家对电子商务经营者有哪些要求？
主要是依法登记、依法纳税、依法取得许可、依法经营。

最近厂里的卫浴用品销售不景气，有什么好办法？
老板，我注册一个网店来卖。

爆款
意大利顶级设计品牌，尊享人生……
都是领导支持。
小王，还是你本事大，我们这个月销售额涨了几百万元！

对发布虚假广告的处罚

根据《广告法》第五十五条第一款的规定，违反本法规定，发布虚假广告的，由市场监督管理部门责令停止发布广告，责令广告主在相应范围内消除影响，处广告费用 3 倍以上 5 倍以下的罚款，广告费用无法计算或者明显偏低的，处 20 万元以上 100 万元以下的罚款；两年内有 3 次以上违法行为或者有其他严重情节的，处广告费用 5 倍以上 10 倍以下的罚款，广告费用无法计算或者明显偏低的，处 100 万元以上 200 万元以下的罚款，可以吊销营业执照，并由广告审查机关撤销广告审查批准文件、1 年内不受理其广告审查申请。

由于我们虚假宣传被处罚了，现在新产品网上又卖不动了。
网络买家都是从众心理，我来刷刷单。
××厂

哈哈，这下好了，看到这么大销量，肯定许多人会跟着买。
销量第一
销售记录 87,500条

对虚假交易的处罚

根据《反不正当竞争法》第二十条第一款的规定，通过组织虚假交易等方式进行虚假或者引人误解的商业宣传的，由监督检查部门责令停止违法行为，处 20 万元以上 100 万元以下的罚款；情节严重的，处 100 万元以上 200 万元以下的罚款，可以吊销营业执照。

最近食客的嘴巴越来越
刁了，网上给我们的差
评太多,都影响生意了。
那家网络平台公司
是我哥们儿开的，我
找他帮忙删除差评。

兄弟，真是多亏了您，现在差评没有了，生意也好了。
小意思，以后出现差评，我马上删除。

根据《电子商务法》第八十一条第一款的规定，电子商务平台经营者违反本法规定，有下列行为之一的，由市场监督管理部门责令限期改正，可以处 2 万元以上 10 万元以下的罚款；情节严重的，处 10 万元以上 50 万元以下的罚款：（1）未在首页显著位置持续公示平台服务协议、交易规则信息或者上述信息的链接标识的；（2）修改交易规则未在首页显著位置公开征求意见，未按照规定的时间提前公示修改内容，或者阻止平台内经营者退出的；（3）未以显著方式区分标记自营业务和平台内经营者开展的业务的；（4）未为消费者提供对平台内销售的商品或者提供的服务进行评价的途径，或者擅自删除消费者的评价的。

XX食品公司
公司最近新出的饮料，网上销售情况不乐观啊。
这个好办，网店销售页面加上“蜡笔小新”，销量保证会上去。

最近全亏了小李，这个月
公司网络销售量直线上升。
销售业绩图
1月
2月
3月
4月
5月
6月

根据《电子商务法》第八十五条的规定，电子商务经营者违反本法规定，销售的商品或者提供的服务不符合保障人身、财产安全的要求，实施虚假或者引人误解的商业宣传等不正当竞争行为，滥用市场支配地位，或者实施侵犯知识产权、侵害消费者权益等行为的，依照有关法律的规定处罚。

哥们儿，最近我公司的家具销售得不是太好，你公司网上用户的信息能不能给我一些？
直接给你肯定不行。我技术操作一下，你自己发广告。

感谢兄弟，最近我公司生意不错，这点小意思，意思意思。
好说好说，以后客户信息记得共享啊！
后台服务系统
需要使用通讯录权限
通过手机通讯录添加我为好友

根据《电子商务法》第七十九条的规定，电子商务经营者违反法律、行政法规有关个人信息保护的规定，或者不履行本法第三十条和有关法律、行政法规规定的网络安全保障义务的，依照《网络安全法》等法律、行政法规的规定处罚。

我们在你们网店买了一批电脑，可为什么每台电脑还搭售一部手机啊？我们根本不需要手机。
我们的电脑是亏本销售的，所以必须在买电脑的同时买一部手机。
电子商务
根据《电子商务法》第十九条的规定，电子商务经营者搭售商品或者服务，应当以显著方式提请消费者注意，不得将搭售商品或者服务作为默认同意的选项。

网上购物遇到陷阱了，该如何处理?
电子商务争议可以通过协商和解，请求消费者组织、行业协会或者其他依法成立的调解组织调解，向有关部门投诉，提请仲裁，提起诉讼等方式解决。

被告提供的材料是假的，与网店页面上不一样，页面上根本没有提醒消费者买电脑必须买手机。
原告
被告
根据《电子商务法》第六十二条的规定，在电子商务争议处理中，电子商务经营者应当提供原始合同和交易记录。因电子商务经营者丢失、伪造、篡改、销毁、隐匿或者拒绝提供前述资料，致使人民法院、仲裁机构或者有关机关无法查明事实的，电子商务经营者应当承担相应的法律责任。

风险防范警示

1 电子商务经营者应当公平参与市场竞争，履行消费者权益保护、环境保护、知识产权保护、网络安全和个人信息保护等方面的义务，承担产品和服务质量责任。

2 电子商务经营者违反法定义务，除可能承担相应的行政责任外，还可能面临民事责任甚至刑事责任。

3 电子商务经营者除履行法律规定的义务外，也应注意保护自身的合法权益免受不法侵害。

第十一章　行政处罚法律风险

××公司与A市城管执法局行政处罚案

××公司在未办理相关园林审批手续的情况下，施工时因房屋围墙倒塌，毁坏了城市绿化带内的花草树木，造成损失22万元。A市城管执法局依法对××公司作出损失费的4倍88万元的罚款。××公司不服，向法院提起行政诉讼。法院认为××公司毁绿的故意程度较低且事后补种了部分树木，A市城管执法局处罚时未考虑该公司的主观过错和主动改正违法行为的态度与效果，明显超出合理范围，遂判决变更A市城管执法局的处罚决定为罚款22万元。

典型案例

什么是
行政处罚？
行政处罚是指具有行政处罚权的行政机关为维护公共利益和社会秩序，依照法定职权和程序，对违反行政管理秩序行为的公民、法人或者其他组织，给予行政制裁的法律行为。

XX律师事务所
我公司在施工时把绿化带内的树木损坏了，市城管局予以立案调查，公司可能面临什么处罚?
根据《城市绿化条例》的规定，你们公司会被罚款。

我前几天违法下湖捕鱼，在卖鱼时被人举报了。现在我的渔具、渔网都被政府扣押了，下一步会怎么处理我呀？
XX律师事务所
如果查实，你的捕鱼工具可能要作为非法财物予以没收，卖鱼收益属于非法所得也要没收。
扣押
王律师

行政处罚的种类:

（1）警告;
（2）罚款;
（3）没收违法所得、没收非法财物;
（4）责令停产停业;
（5）暂扣或者吊销许可证、暂扣或者吊销执照;
（6）行政拘留;
（7）法律、行政法规规定的其他行政处罚。

××公司
王律师，上次听证会上城管局准备依照市里的《城市绿化管理条例》对我们损坏树木花草的行为进行处罚，适用这个条例可以吗？
设区的市有地方立法权，该条例可以作为处罚依据。

公司开的超市最近经常丢东西，我准备在超市内规定“禁止偷窃，偷一罚十”，这是否合适？
你不是合法的处罚设定主体和实施主体，作出的处罚规定是无效的。如果你发现顾客有盗窃行为，可以报警。

根据《行政处罚法》的规定，法律可以设定各种行政处罚；行政法规可以设定除限制人身自由以外的行政处罚；地方性法规可以设定除限制人身自由、吊销企业营业执照以外的行政处罚；规章可以在法律、行政法规规定的给予行政处罚的行为、种类和幅度的范围内作出具体规定；其他规范性文件不得设定行政处罚。

王律师，城市管理执法局是个什么机构？它能对我公司直接进行处罚吗？
国务院或者国务院授权的省级政府可以决定由一个行政机关行使多个行政机关的处罚权。依据法律法规规定，城市管理执法局作为相对集中行使行政处罚的综合执法机构，可以以自己的名义作出处罚决定。
王律师

我们公司能否接受行政机关委托，实施行政处罚？
这个恐怕不行。你公司是一个营利性质的公司，而受委托的组织必须符合一定的条件。比如，要是依法成立的管理公共事务的事业组织；要具有熟悉有关法律、法规、规章和业务的工作人员；对违法行为需要进行技术检查或者技术鉴定的，应当有条件组织进行相应的技术检查或者技术鉴定。
根据《行政处罚法》第十五条的规定，行政处罚由具有行政处罚权的行政机关在法定职权范围内实施。根据第十八条的规定，行政机关依照法律、法规或者规章的规定，可以在其法定权限内委托符合规定条件的组织实施行政处罚。
王律师

啥叫“一事不再罚”？
一事不再罚，是指对当事人的同一违法行为，不得给予两次以上罚款的行政处罚。

我经营了一家纯净水加工厂，因没办相关证件被市场监管部门罚款 1 万元。后来有消费者喝了我们厂的水后生病住院，卫生监管部门知道后对我罚款 5000 元，这是否违反了“一事不再罚”的原则？
没有。卫生监管部门依据卫生法规对你生产不合格纯净水一事进行处罚，而市场监管部门依据工商法规对你无证经营行为进行查处，分别针对的是两个行为。

我之前因为污染环境接受了行政处罚，现在法院判决要追究我的刑事责任。我之前缴纳的罚款能否按规定折抵罚金？
如果当事人因一个行为被行政处罚，后又因该行为被追究刑事责任，是可以按规定进行折抵的。
根据《行政处罚法》第二十八条的规定，违法行为构成犯罪，人民法院判处拘役或者有期徒刑时，行政机关已经给予当事人行政拘留的，应当依法折抵相应刑期。违法行为构成犯罪，人民法院判处罚金时，行政机关已经给予当事人罚款的，应当折抵相应罚金。

城市管理执法局通知我参加听证会，您说我去有用吗？
当然要去，这是行使您陈述和申辩权利的机会。您可以在会上讲清毁林的原因和整改情况，争取从轻或减轻处罚。
王律师

您的意思是说，我如果补种了树木，悔改态度好，处罚有可能轻一些?
对。行政处罚不仅要以事实为依据，还要与违法行为的事实、性质、情节以及社会危害程度相当。
王律师

行政机关决定行政处罚之前要做些什么？
（一）要查明案件事实；
（二）要履行告知义务（决定处罚前要告知当事人处罚的事实、理由、依据及享有的权利，否则处罚不成立）；
（三）要充分听取当事人意见。
王律师

根据《行政处罚法》的规定，行政处罚遵循公正、公开的原则。行政机关在作出行政处罚决定之前，应当告知当事人作出行政处罚决定的事实、理由及依据，并告知当事人依法享有的权利。当事人有权进行陈述和申辩。行政机关必须充分听取当事人的意见，对当事人提出的事实、理由和证据，应当进行复核；当事人提出的事实、理由或者证据成立的，行政机关应当采纳。行政机关不得因当事人申辩而加重处罚。

交警有权当场对我作出罚款 50 元的决定吗?
符合条件的可以适用简易程序。
王律师
根据《行政处罚法》第三十三条的规定，违法事实确凿并有法定依据，对公民处以 50 元以下、对法人或者其他组织处以 1000 元以下罚款或者警告的行政处罚的，可以当场作出行政处罚决定。（治安处罚的简易程序中对公民的罚款数额为 200 元以下）

什么情况下可以申请听证?
行政机关作出责令停产停业、吊销许可证或者执照、较大数额罚款等行政处罚决定之前，应当告知当事人有要求举行听证的权利。比如你毁坏树木罚款一案，如果符合条件，你就可以申请听证，陈述和申辩你的意见。
王律师

我认为城市管理局对我处罚过重，准备到法院打官司，现在能不能申请停止执行行政处罚?
一般情况下是不可以的。
王律师
根据《行政处罚法》第四十四条的规定，行政处罚决定依法作出后，当事人应当在行政处罚决定的期限内，予以履行。根据第四十五条的规定，当事人对行政处罚决定不服申请行政复议或者提起行政诉讼的，行政处罚不停止执行，法律另有规定的除外。

行政处罚的罚款应该交给谁?
到行政处罚决定书指定的银行缴纳即可,保留好缴款凭证。
陈律师
根据《行政处罚法》第四十六条的规定,作出罚款决定的行政机关应当与收缴罚款的机构分离。除当场收缴的罚款外,作出行政处罚决定的行政机关及其执法人员不得自行收缴罚款。当事人应当自收到行政处罚决定书之日起15日内,到指定的银行缴纳罚款。银行应当收受罚款,并将罚款直接上缴国库。

风险防范警示
1 企业负责人应当恪守合法经营的理念，该履行的法定义务应依法履行，否则会受到法律的制裁。
2 对于执法机关依法进行的调查处理，不得阻挠，但可依法行使陈述申辩权，理性合法地表达诉求，维护自身合法权益。
风险
法律专家提示

第十二章　行政维权法律风险

C公司等14名原告诉A县政府违法行政案

A县B庄因非法煤矸石企业较多，环境问题突出。县委县政府制定了《B庄煤矿周边区域环境综合治理方案》（以下简称《方案》），要求职能部门依法取缔煤矿周边的煤矸石等相关企业，追究环境污染法律责任。随即，县生态环境局对C公司等14家企业作出责令停止生产并罚款的处罚决定，县自然资源局、市场监督管理局等部门也对相关企业作出拆除违法建筑、注销企业登记等处理。C公司等14家企业不服，在行政复议未被受理后，就《方案》提起行政诉讼，法院认为《方案》指向对象不特定，未对特定企业作出具体规定，对原告权利义务不产生实际影响，裁定驳回起诉。

典型案例

我公司被县生态环境局责令停产，有哪些途径可以维权？
在我国，行政救济有多种方式，常用的救济途径是行政复议和行政诉讼。
律师
行政复议主要依据的是《行政复议法》《行政复议法实施条例》等；行政诉讼主要依据的是《行政诉讼法》及相关司法解释。此外，《国家赔偿法》还规定了行政赔偿制度。

我公司受到行政处罚，首选哪种途径维权?
从经济、快捷的角度看，可先向复议机关申请行政复议。
律师
行政复议是指公民、法人和其他组织认为行政机关的行政行为侵犯其合法权益，依法向复议机关提出复核该行政行为的申请，行政复议机关依照法定程序对被申请的行政行为进行合法、适当性审查，并作出复议决定的一种法律制度。

我公司要求确认县政府出台的《方案》违法，申请行政复议，市政府怎么不受理？
是不是“官官相护”啊。
如果县政府的《方案》是规范性文件，适用于不特定的相对人，就不可以单独申请复议。根据《行政复议法》规定，公民、法人或者其他组织认为行政机关的具体行政行为所依据的下列规定不合法，在对具体行政行为申请行政复议时，可以一并向行政复议机关提出对该规定的审查申请：国务院部门的规定；县级以上地方各级人民政府及其工作部门的规定；乡、镇人民政府的规定。

市场监管局
县市场监管局把我公司的营业执照吊销了，我可否申请行政复议？
吊销营业执照属于行政处罚，当然可以。

可以申请行政复议的范围：行政处罚；行政强制措施；行政许可；对土地等自然资源的所有权或使用权的行政确权；行政机关侵犯合法的经营自主权的；行政机关变更或者废止农业承包合同，侵犯其合法权益的；行政机关违法集资、征收财物、摊派费用或者违法要求履行其他义务的；行政机关没有依法办理颁发许可证、执照、资质证、资格证等证书，或者审批、登记有关事项的；行政机关未履行保护人身权利、财产权利、受教育权利的法定职责；行政机关未依法发放抚恤金、社会保险金或者最低生活保障费的；行政机关的其他具体行政行为侵犯其合法权益的。

申请行政复议的范围

这个煤矸石厂是我和几个朋友合伙开的，现在想申请行政复议，要以谁的名义申请？
我觉得一起去最好，还能撑一些声势！
合伙企业应当以核准登记的企业为申请人，由执行合伙事务的合伙人代表企业参加行政复议。

王律师，我对县政府的行政行为不服，可以向哪个部门申请行政复议？
我觉得向中央申请最管用。
不对，应该向县政府的上一级政府申请。
王律师

生态环境局
如果我对县生态环境局的行政处罚决定不服，可以向哪个部门申请行政复议？
您可以向所在地县政府申请，也可以向市生态环境局申请，两者选择一个即可。

律师事务所
申请行政复议有没有期限限制？
有。行政复议申请自知道该具体行政行为之日起60日内提出；但法律规定的申请期限超过60日的除外。

我申请行政复议了，行政处罚能不能停止执行？
原则上不行，除非有法律规定的情形。
根据《行政复议法》第二十一条的规定，行政复议期间具体行政行为不停止执行，但是，有下列情形之一的，可以停止执行：（1）被申请人认为需要停止执行的；（2）行政复议机关认为需要停止执行的；（3）申请人申请停止执行，行政复议机关认为其要求合理，决定停止执行的；(4）法律规定停止执行的。
××加工厂

律师事务所
王律师，我能否在申请行政复议的同时，向法院提起行政诉讼?
如果行政复议已经受理，就不可以。
除法律特别规定的以外，行政复议和行政诉讼一般情况下是自由选择关系。如果选择行政复议，若对复议决定不服或复议机关逾期不作决定，可以提起行政诉讼；如果选择行政诉讼，在进入诉讼程序后就不得再申请行政复议。

什么是行政诉讼?
它是指公民、法人或者其他组织认为行政机关或被授权组织及其工作人员的行政行为侵犯其合法权益，向法院提起诉讼，由法院依法行使行政审判权解决行政争议的活动。
法院审判
律师

我认为县生态环境局对我企业污染环境行为作出的处罚太重，向政府申请行政复议也没用。现在我该怎么做啊？
生态环境局
可以以县生态环境局为被告向法院起诉，由法院对处罚行为的合法性进行审查，判明是非对错。

我跟政府签了特许经营协议，并在前期投入了 200 万元，现在政府要解除协议，我能起诉政府吗?
起诉政府估计赢不了，你还是自认倒霉吧!
现在是法治社会，应该相信法律。法律明确规定针对行政协议可以提起行政诉讼，要相信法院会公正审查的。

根据《行政诉讼法》第十二条的规定，人民法院受理公民、法人或者其他组织提起的下列诉讼：（1）对行政拘留、暂扣或者吊销许可证和执照、责令停产停业、没收违法所得、没收非法财物、罚款、警告等行政处罚不服的；（2）对限制人身自由或者对财产的查封、扣押、冻结等行政强制措施和行政强制执行不服的；（3）申请行政许可，行政机关拒绝或者在法定期限内不予答复，或者对行政机关作出的有关行政许可的其他决定不服的；（4）对行政机关作出的关于确认土地、矿藏、水流、森林、山岭、草原、荒地、滩涂、海域等自然资源的所有权或者使用权的决定不服的；（5）对征收、征用决定及其补偿决定不服的；（6）申请行政机关履行保护人身权、财产权等合法权益的法定职责，行政机关拒绝履行或者不予答复的；（7）认为行政机关侵犯其经营自主权或者农村土地承包经营权、农村土地经营权的；（8）认为行政机关滥用行政权力排除或者限制竞争的；（9）认为行政机关违法集资、摊派费用或者违法要求履行其他义务的；（10）认为行政机关没有依法支付抚恤金、最低生活保障待遇或者社会保险待遇的；（11）认为行政机关不依法履行、未按照约定履行或者违法变更、解除政府特许经营协议、土地房屋征收补偿协议等协议的；（12）认为行政机关侵犯其他人身权、财产权等合法权益的。除前款规定外，人民法院受理法律、法规规定可以提起诉讼的其他行政案件。

我公司被行政机关处罚了，我个人能作为原告起诉吗？
有限责任公司有独立的法人资格，一般应以公司的名义起诉。
根据《行政诉讼法》第二十五条第一款至第三款的规定，行政行为的相对人以及其他与行政行为有利害关系的公民、法人或者其他组织，有权提起诉讼。有权提起诉讼的公民死亡，其近亲属可以提起诉讼。有权提起诉讼的法人或者其他组织终止，承受其权利的法人或者其他组织可以提起诉讼。

市政府的复议决定下来了，
还是维持县政府的处理决定。
我仍然不服，该怎么办？
事务所
你可以以县政府和市
政府为共同被告，提
起行政诉讼。

我们 14 家企业的设施被县政府强拆，能不能一起告县政府?
可以，这叫**共同诉讼**。对于当事人一方或者双方为 2 人以上的，只要诉讼标的可适用同一程序，受诉法院具有管辖权，且无专属管辖规定的都可以合并审理。共同诉讼有两种类型：一是因同一行政行为发生的行政案件；二是因同类行政行为发生的行政案件、人民法院认为可以合并审理并且当事人同意的。
拆

我企业由于私自排污被媒体曝光了，还能私下处理吗？
不行。污染环境损害公共利益，法律规定检察机关可以提起公益诉讼。
在生态环境和资源保护、食品药品安全等法律规定的一些领域，如果行政机关违法行使职权或者不作为，致使国家利益或社会公共利益受到侵害，检察机关可以起诉行政机关，这是行政公益诉讼；如果你造成生态环境破坏等社会公共利益损害，检察机关也可以提起诉讼，追究你的民事侵权责任，这是民事公益诉讼。

我准备打行政官司，需要提供哪些证据？
根据法律规定，被告要对作出的行政行为负有举证责任，应当提供作出该行政行为的证据和所依据的规范性文件。被告不提供或者无正当理由逾期提供证据，视为没有相应证据。但是，被诉行政行为涉及第三人合法权益，第三人提供证据的除外。这就是行政诉讼“举证责任倒置规则”。
举证责任
被告
规范性文件

举证责任在被告，这个好！
那我们就不用承担任何举证义务了。
被告
不能这样理解，原告要承担初始证明责任和对不作为的申请、损害举证责任。根据《行政诉讼法》第三十八条的规定，在起诉被告不履行法定职责的案件中，原告应当提供其向被告提出申请的证据。但有下列情形之一的除外：（1）被告应当依职权主动履行法定职责的；（2）原告因正当理由不能提供证据的。在行政赔偿、补偿的案件中，原告应当对行政行为造成的损害提供证据。因被告的原因导致原告无法举证的，由被告承担举证责任。

行政机关为了证明其决定合法，在诉讼过程中还在调查事实，这可以吗？
不可以。法律明确规定被告及其诉讼代理人在诉讼过程中不得自行向原告、第三人和证人收集证据（因为行政机关作出行政行为必须“先取证，后裁决”）。但是，如果原告或者第三人提出了其在行政处理程序中没有提出的理由或者证据的，经人民法院准许，被告可以补充证据。
收集证据

起诉有哪些条件？
提起诉讼的原告是行政行为的相对人以及其他与行政行为有利害关系的公民、法人或者其他组织；有明确的被告；有具体的诉讼请求和事实根据；属于法院受案范围和受诉法院管辖。

生态环境局对我企业作出处罚后，我们一直想协调解决，但没有达成一致。现在已经过去了3年多，我们还能起诉生态环境局吗？
应该可以吧！
不可以。公民、法人或者其他组织直接向法院提起诉讼的，应当自知道或者应当知道作出行政行为之日起6个月内提出。法律另有规定的除外。如无正当事由超过起诉期限，当事人就会丧失诉权，法院将不再受理。

我对法院的生效判决不服，还能申诉吗?
可以在6个月内向上一级法院提出再审的请求。如果被法院驳回再审申请，还可以向检察机关申请法律监督，检察机关审查后如果认为原审判决确有错误，可以通过提出抗诉、再审检察建议的方式向法院提出监督意见。
再审监督程序是指发现已经发生法律效力的判决、裁定或者调解书违反法律法规规定，依法对案件再次进行审理的程序。根据启动方式不同，再审可以分为三类：当事人申请启动、法院依职权启动、检察院再审建议或抗诉启动。

政府工作人员王某对企业作出了错误的处罚决定，这个责任是由王某承担吗？
我觉得应该找王某。
不对，应该由国家承担赔偿责任。
国家赔偿是指国家机关或国家机关工作人员在执行职务、行使国家管理职权过程中有侵犯公民、法人和其他组织合法权益的情形，造成损害的，由国家承担赔偿责任，并由该机关具体履行的法律责任。国家赔偿包括行政赔偿和司法赔偿两种类型。

行政机关工作人员造成的损害，都可以申请国家赔偿吗？
根据法律规定，国家不承担赔偿责任的情形有：行政机关工作人员与行使职权无关的个人行为；因公民、法人和其他组织自己的行为致使损害发生的；法律规定的其他情形。

风险防范警示
1 企业合法权益受到公权力侵害的，可以通过行政复议、行政诉讼、申请国家赔偿等多种途径，维护自身合法权益。
2 各种维权的方式条件、程序等不尽相同，要按照法律规定，结合实际情况，选择合适的方式救济自身权益。
风险
法律专家提示

后 记

好雨知时节，当春乃发生。在社会各界人士的大力支持与帮助下，全国第一本民企风险防范法律手册——“案说民营企业法律风险”系列丛书之行政篇如期出版了！本书打破了传统模式，以漫画形式呈现，以案说法，平易可近，是广大民营企业经营者及从业者了解法律知识、规范经营行为、防范法律风险的一份良好的精神食粮。

“案说民营企业法律风险”系列丛书分为刑事篇、民事篇、行政篇三部，其中刑事篇、民事篇已于2017年和2019年先后出版，并深受社会各界广泛好评。本系列丛书从选题、组稿、编写、设计到正式出版，共历时五年。五年来，在安徽省人民检察院薛江武检察长的策划和指导下，安徽省侦查逻辑办案研究会组织公、检、法领域实务专家，不辞劳苦，冒酷暑、顶风雨，以走访、调研、与企业家座谈等形式，倾听民营企业家的诉求和心声，研究破解难题之策、促进发展之道，为民营企业发展撑起了一片法律的蓝天。特别是本书编写组全体成员，以精益求精、打造精品专著为原则，竭力虔心，从内容到形式、从法条到案例，字斟句酌，夜以继日，务求恪尽职守，唯恐有负众望。

丛书在修改过程中，得到安徽省高院、省检察院、省公安厅、省人社厅、省住建厅、省市场监督管理局、省生态环境厅、合肥市人民检察院、合肥市公安局、池州市人民检察院、滁州市人民检察院、六安市公安局等相关厅局领导和安徽大学法学院、合肥工业大学文理学院、合肥学院经管学院有关专家教授的支持和参与。特别是专家教授和实务部门领导，对本书从章节结构、漫画图片、规范用语等诸多方面进行了多次审核，并提出了相关的修改和补充意见，为该书的出版奠定了扎实的基础。正是有了社会各界的鼎力支持，本书才得以如期面世。在此，一并致谢！

囿于水平，丛书在编写、修改过程中存在不足与疏漏在所难免，敬请广大读者批评指正，以帮助我们做得更好。我们将继续贯彻落实习近平总书记在民营企业座谈会上的重要讲话精神，为服务和保障民营经济健康高质发展再谱新篇！

图书在版编目(CIP)数据

案说民营企业法律风险. 行政篇 / 柴学友等著. --
北京：法律出版社，2020
ISBN 978-7-5197-4691-9

Ⅰ. ①案… Ⅱ. ①柴… Ⅲ. ①民营企业—企业法—案例—中国②行政法—案例—中国 Ⅳ. ①D922.291.915
②D922.105

中国版本图书馆 CIP 数据核字(2020)第108352号

案说民营企业法律风险(行政篇)
ANSHUO MINYING QIYE FALÜ FENGXIAN(XINGZHENGPIAN)

柴学友　李卫国　刘小勤　等著

责任编辑 李　群　张红蕊
装帧设计 鲍龙卉

出版 法律出版社
编辑统筹 法规出版分社
开本 32K
版本 2020年7月第1版

总发行 中国法律图书有限公司
责任印制 张建伟
印张 10.75
印次 2020年7月第1次印刷

经销 新华书店
印刷 中煤(北京)印务有限公司
字数 60千

法律出版社/北京市丰台区莲花池西里7号(100073)
网址/www.lawpress.com.cn　投稿邮箱/info@lawpress.com.cn　销售热线/400-660-8393
举报维权邮箱/jbwq@lawpress.com.cn　咨询电话/010-63939796

中国法律图书有限公司/北京市丰台区莲花池西里7号(100073)
全国各地中法图分、子公司销售电话：
统一销售客服/400-660-8393/6393　第一法律书店/010-83938432/8433　西安分公司/029-85330678
重庆分公司/023-67453036　上海分公司/021-62071639/1636　深圳分公司/0755-83072995

书号：ISBN 978-7-5197-4691-9　**定价**：60.00元　(如有缺页或倒装，中国法律图书有限公司负责退换)